世說中國

妓女与文人

〔日〕斋藤茂 著

申荷丽 译

商務印書館

创于1897 The Commercial Press

斎藤 茂

妓女と中国文人

東方書店，2000

根据东方书店2000年版译出

目录 Contents

序　言

日本所说的“游女”，在中国称为“妓女”。

日本不习惯“妓女”这种说法，“妓”究竟是什么意思？与游女和娼妇有什么不同？也许会有人产生这样的疑问。对此，请看第一章的详细说明，在中国，人们对妓女的技艺方面格外重视，这是妓女名称由来的原因之一，这与重视教养主义的文化方式有极大的关系。

为什么要提出妓女问题来研讨呢？也许有人会感到不解，或许会指责说，是不是认为妓女是引人感兴趣的题材呢？事实上并非如此。过去，在中国文学研究方面，主要是以文学史上重要的题材或者作家及作品为研究对象，并倾注精力进行了深入细致的研究，而对于一些有部分理解但尚模糊不清的问题，以及不特别令人瞩目的作品等，不得不暂时搁置起来。但是，随着对主要研究对象深入细致的研究，人们开始意识到至今已经基本认识和理解的问题中尚有许多还有待于再作进一步的研究，其中妓女问题也是需要重新考察的问题之一。

就笔者的研究经历而言，考虑研究妓女问题是从阅读了晚唐诗人李商隐的作品之后开始的。李商隐是人们熟知的中国文学史上出类拔萃的恋爱诗人，但他的作品不仅仅限于恋爱诗，从整体来看他无疑称得上是中国第一流的诗人。总之，阅读了李商隐的恋爱诗，我非常想了解其诗中描写的女性的处境、实际生活状况。人们一般会认为，这些对于欣赏诗歌并不重要，但笔者对此渐渐地产生了诸多的疑问，与有一定身份的大家闺秀恋爱，恋爱故事是富有魅力的，但在中国旧封建体制下是不可能公开的，李商隐等士大夫（中小地主阶层、有可能成为官吏的有教养的阶层）的恋爱对象一般都是妓女，既然如此，那些妓女们过着怎样一种生活呢？士大夫和妓女的关系又是怎样的呢？带着这些疑问，笔者开始了对妓女的考察。

通过对妓女的考察，我从中获得许多有益的发现和启示。关于恋爱文学，可以认为其中大多数都是与妓女有关的。不仅是恋爱文学，即使是一般的文学作品也与妓女有极大的关系。无论是大官的府邸，还是花街柳巷，与许多士大夫接触的妓女得以耳闻目睹士大夫的诗作以及故事等作品，她们起到了向他人宣传诗文和故事的中介作用，也就是说，妓女有时是文人作品的传播者，有时又是其作品的鉴赏者、评论者。可以认为，许多士大夫出入的烟花柳巷成为文化传播的场所，同时也发挥着创作基地的机能。

妓女和妓院，因为其内容被视为低俗下流，所以相关的资料甚少，有很多方面难以查明。但不管怎样，本书是根据现存的零星资料，以及诗歌、故事等文学作品进行整理拼凑的，它对中国的妓女与文人的交流以及与文学的关系进行了考察和概观，若此能对妓女问题的研究提供新的启示，本人将不胜高兴。

第一章　妓女的起源

一、妓女的含义

游女和妓女

在中国，一般将日本的“游女”称为“妓女”。除此之外，也称为“娼妓”、“娼妇”等。但是没有像日本一样称为“游女”的说法。中国并不是没有“游女”这一词语，其实在最古老的诗歌集《诗经》（《周南·汉广篇》）中就有“汉有游女，不可求思”之句，可见游女是自古以来就有的说法。但《诗经》中的这句话，是将在河畔游玩的女子的身影视为汉水女神，“游女”这一词一般指外出游玩的女子，或者是用于指湖畔女神。日本的“游女”一词，好像是从闲荡游玩的女人的意思派生来的，但在中国，因为另外有妓、娼等称呼，所以没有使用“游女”一词。此外，中国还有“女郎”的说法，一般是用于称呼年轻的女性（有时也称“织女星”），这也与日本游女的意思有所不同。因此，本书将使用中国通常所说的“妓女”一词来称呼日本人所说的“游女”。

有关“妓”字

“妓女”这一词语是从何时开始作为一般词语使用的呢？人们对此尚未有明确的考证。根据现存资料的年代，后汉（25—220）的资料中有记载，如《后汉书·光武十王列传》（卷四十二）《济南安王刘康传》中写道，其子刘错爱康之“鼓吹妓女宋闰”（《后汉书》是进入南北朝时期后根据后汉时期的资料编纂的）。由此看来，“妓女”大概是自西历纪元开始，进入后汉之后开始作为一般词语使用的吧。

“妓”这一字，好像也并非自古以来就使用的字，后汉许慎编写的第一部字典《说文解字》中解释道：“妓，妇人小物也。”也就是意指卑下微贱的女人。“妓”字右边的“支”，有“分开、离开、分杈的枝”的意思，或许由此派

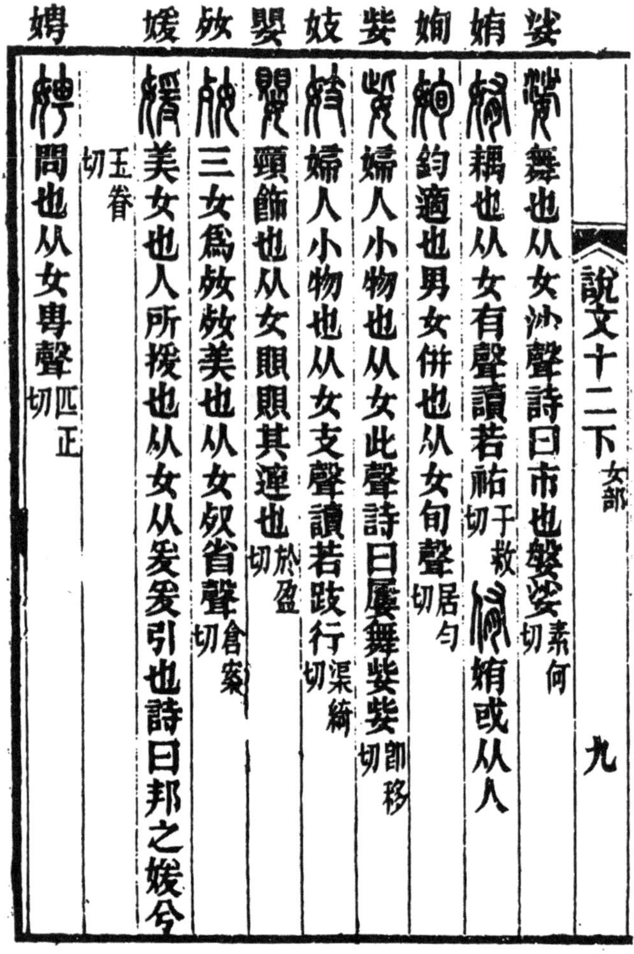

娑 舞也从女沙聲詩曰市也媻娑 素何切
姷 耦也从女有聲讀若祐 于救切 侑 姷或从人
姰 鈞適也男女併也从女旬聲 居勻切
姕 婦人小物也从女此聲詩曰屢舞姕姕 卽移切
妓 婦人小物也从女支聲讀若跂行 渠綺切
嬰 頸飾也从女賏賏其連也 於盈切
㛯 三女爲㛯㛯美也从女奻省聲 倉案切
媛 美女也人所援也从女从爰爰引也詩曰邦之媛兮 王眷切
娉 問也从女甹聲 匹正切

图 1 《说文解字》卷十二下“妓”项

生了“妇人小物”之意。但是，就像由“技”字可以推测其意一样，“支”含有“技能”之意。“伎”则是据此意派生的字。由此可推测，“妓”也同样是从有“技”的妇人而派生来的。假定《说文解字》的解释是正确的话，毕竟那也是派生的字义，后来其主要意思有了改变。

普遍使用的“娼妓”一词中的“娼”字是含有同样意思的字（不过《说文解字》中没有该字）。“娼”字与“倡”（《说文解字》中解释为“乐”）字一样，只因要强调的是妇人，所以成为“娼”字的吧。不管怎样，“倡”（“娼”）与“唱”属于雷同的字，原意指放声歌唱的人。因此，“妓”和“娼”本来都是意指具有歌舞技艺的妇人。

靠歌舞技艺令人赏心悦目，由此扩充为在宴会上应酬接待，进而陪主人和客人同床共枕，妓女的意思也是根据其具体的作用进一步扩延而来的吧。比如，据南朝顾野王编撰的辞书《玉篇》的解释，“娼，婸也”，“婸”是“淫戏”的意思，因此“娼”的意思从“淫戏”的原义上又发生了进一步变化。甚至即使没有技艺，只是陪客人同床寻欢的女子，也称为“妓”、“娼”。

二、妓女的起源

与宗教礼仪的关系

各个地区、各个民族最初都有其特有的宗教礼仪，且这种宗教礼仪渗透到人们的生活中。不论东西方都有不少包括性行为的宗教礼仪。古巴比伦王国的年轻女子要接受一种礼仪，这种习惯礼仪就是，女的要到米莉塔神殿，与对自己说“拜托拜托，米莉塔女神”的男人发生性关系。许多在神庙里供养神灵的女子，代替一般的女子与到神庙来参拜的男子履行性礼仪、履行对神的义务，这种女人就是圣妓。特别是以农耕为主的民族，在祈祷丰收的礼仪中，有很多都伴有象征赋予生命力的性交活动。而一般认为与象征神的性结合是极其神圣的，是宗教礼仪的重要部分。

但是，由于大规模的战争，古代的祭祀传统遭到破坏，政治力量以及军事力量受重视，宗教在社会上的地位逐渐衰落，参与祭祀礼仪的人减少了。由此，伴有性行为的宗教礼仪失去了原有的意义，而仅仅保持宗教礼仪的形式，出现一些偏重于性行为的状况。例如，进行宗教礼仪时，巫女请神降临，在神灵附体的状态下，进行人和神灵结合一体的性行为。随着这种宗教礼仪的淡化，该礼仪也就失去了与神一体化的本质，而仅仅是以性行为为目的。王书奴撰写了《中国娼妓史》一书，开拓了近代妓女的研究领域，他将这种衰落的巫女称为“巫娼”，认为是中国最早的妓女形态。战国时代楚国宋玉撰写的《高唐赋》(《文选》卷十九）中写道，楚王游高唐，因疲倦入梦，梦见巫山神女，神女与楚王结为姻缘，临别神女说：“旦为朝云，暮为行雨。”这段描述楚王与巫山神女梦中相爱的典故也常常出现在诗歌中，其中的神女，或许可以说就是随宗教礼仪衰落的神的形态吧。

此外，宗教礼仪中一般都包括歌舞，这一点，至今还继承并保持了下来。参与宗教礼仪的人们很多都擅长音乐，这是自古以来就有的职业特征。这种带有音乐表现的宗教礼仪，渐渐失去宗教的实质，变成以娱乐为主的演艺形式，这是产生妓女的主要原因之一吧。

奴隶娼妓

与上述情况不同，将战争俘虏作为奴隶，并将其中的女奴作为奴隶娼妓，无论在东西方都是普遍的现象。中国也早在古代就出现了奴隶娼妓，只是将妓女作为发泄性欲的对象。随着宗教的衰落，这种奴隶娼妓的存在也是妓女起源的原因之一。

中国古代王朝，特别是周王朝是父权制社会，妻子从属于家庭，必须保持贞操。因此，与希腊等其他父权制社会一样，为了满足男人的性欲并保护家庭内女人的贞操，容许奴隶娼妇卖淫，尽管这方面的具体情况尚不明确，但是可以想象它自很早以前就相当盛行。

历史上最初的妓女

根据后世的传说，上古的三皇时代有位叫“洪崖”（也写成“洪涯”）的娼妓，据说有的妓院将其奉为始祖。当然这只不过是传说而已。此外，众所周知，《史记》的《殷本纪》等，在对殷朝最后一个皇帝纣王“酒池肉林”的“长夜宴”的描写中，可以看到有像妓女一样的妇人陪着寻欢作乐。但是这篇对“长夜宴”的记述，是讨伐殷纣王的周王朝一边写的，所以不能将文中描写全部视为历史事实。

根据现存的历史记录，可以查证的最初的妓女史料，一般认为是春秋时期（公元前770—前476年）的“女乐”。

例如，当时鲁国编的《春秋》一书的注解之一《春秋左传》，在对鲁襄公十一年（公元前562年）的记事中写道，郑国人赠送晋侯的礼物中，有乐器和“女乐二八（两列各八人的舞队）”。此外，根据《史记·孔子世家》中的记载，鲁定公十四年（公元前496年），孔子在鲁国任大司寇，令齐国恐惧，齐国害怕鲁国强大后会兼并自己，于是就向鲁定公赠送80个女乐，鲁定公和把握实权的季桓子接受了齐国送来的女乐并沉溺于美色，以致三日不去听政，孔子大失所望，决定离开故乡鲁国，从此开始周游列国。上述郑国人向晋侯的赠送是一种贿赂，而向鲁国赠礼则是齐国的计谋，由此可知，从能歌善舞、貌美出众的女子中精心挑选的“女乐”在当时是贵重的赠品，并且这种做法已经较完备和成熟。

在此之前，齐桓公（公元前685—前643年在位）时期，齐国有名叫“女闾”的地方。《战国策·东周策》中记载：“齐桓公宫中女市七，女闾七百，国人非之。”这里所说的“闾”是指门的意思，在宫中以门为市，使女子居之，就是说齐国的宫中有“女闾”（妓院）。此外，《韩非子·难篇》中记载：“昔者齐桓公宫中两市，女闾二百，被发而御妇人。”由此可见，仅后宫中就集聚了众多女子，而元代谢肇淛的《五杂俎》（卷八《娼妓》）以及清朝褚人获的《坚瓠续集》（卷一《女闾》）中记载："管（管仲）子治齐，置女闾七百，征其夜合之资，以充国用，此即教坊花粉钱之始也。"《论语》中，有段赠送女乐的描述，也与齐国有关。据记载可知，"女闾"近似于后世的妓院，并且是依照国策设置的。据说，古希腊雅典的立法者梭伦创建国家妓院征税，用征税的收入建造了阿佛洛狄忒神殿，而中国也在此之前，积极地开设国家妓院。齐桓公是"春秋五霸"之一，可谓首屈一指的著名君主，管仲是辅佐桓公的著名宰相，在治国方面颇有策略。

众所周知的吴越之战，关于越王勾践（公元前496—前465年在位），也有如下的记载：

> 独妇山者，勾践将伐吴，徙寡妇致独妇山以为死士示，得专一也。（大意为：勾践在讨伐吴国时，为了稳定军心，提高士气，将一批寡妇集聚在独妇山上，"慰劳"准备决死的士兵。）（据《越绝书》）

这种为军士提供性服务的措施，可以说是后世军营妓女制度的原型。此外，值得注意的是以寡妇为对象这一点。将寡妇或不打算结婚的妇女作为卖春妇，在其他社会也是司空见惯的情形，这是社会对没有丈夫和父亲保护的妇女实行的一种处置方式。

春秋时代，尽管妓女的形式多种多样，但可以明确的是，不管哪种形式实际上都是为了供男人寻欢玩乐，这与后世妓女的境遇完全相同。此外，在文学作品中，战国时期《楚辞》的《招魂》篇中也描写了宴席上“女乐”表演优美歌舞的情景。

妓女的来源

齐国出于战略考虑从全国挑选美女教练其技艺，向鲁国赠送“女乐”，以及越王勾践在独妇山集聚寡妇，这些都与身份无关，是依照古代的王权势力强制征召的。此外，通过与敌对国的战争，将那些妇女战俘充当“妓女”，这样就产生了“奴隶娼妓”。无论哪种情形，都是在各个王国权力构造中形成的。秦始皇统一中国（公元前 221 年）后，建立了统一的秦帝国，在确定良民、贱民身份制度的同时，继“女乐”、“奴隶娼妓”之后娼妓形态也发生了变化，特别是有关妓女的供给，由于国家实现了统一，从表面上看失去了从敌对国获取战俘奴隶娼妓的渠道，取而代之的是将罪犯的妻女贬为奴隶娼妓，称之为“籍没”（登记为奴婢，没收其身份之意）。籍没为奴婢的妇女，分别归属后宫、州府衙门或者军营管理。10世纪后辽、金等异族国家占有中国的一部分领土，也同样建立了集中收容奴隶娼妓的“瓦里”和“官户”等组织。籍没妇女是一般妓女的来源。可是在统一遭破坏后的分裂时期，或朝代更换时，与古代相同，又大量出现将战俘妇女充当妓女的情况。例如，14世纪明朝初期南京的官妓中，有很多是前一朝代元朝的蒙古族妇女。而在民间，从古代到近代，人身贩卖是供应一般妓女的渠道，通过欺骗或诱拐等方式变卖妇女也是常有的事。

三、妓女的种类及其概观

如上所述，可以认为，自春秋时代开始妓女即存在于中国社会各个方面。后世根据妓女所属的场所，将妓女大致分为宫妓、家妓、营妓、官妓、民妓5种类型，并大多以此相称。以下分别对这 5 种类型作一概观。遗憾的是，由于现存资料中所记载的都是一些才艺出众、与社会上层人物交际的高级妓女，有关低级娼妓尚没有详细资料记载，她们大多缺少才艺，仅仅是供男人玩乐和发泄性欲的工具。

宫妓

不言而喻，宫妓是指皇帝后宫中的妓女，主要供皇帝寻欢作乐。一般认为，古代宫妓主要是战俘中身份较高的女子，汉代以后多是一些犯罪高官的妻女。此外，也有一些是其他诸侯国以及诸侯从民间挑选的才貌双全的美女呈献给皇上的。

皇帝的后宫中，有许多身份不同的后妃，此外还有大量宫妓。后妃和宫妓居住在靠近王宫两侧的宫中（她们终生被禁闭在那里不得离宫，因此那里又称为“永巷”），宫妓们在那里服侍皇上，或者学艺练舞。其中，也有些宫妓因受到皇帝的注目和偏爱被封为后妃的，像汉武帝（公元前 141—前 87 年在位）时的李夫人，汉成帝（公元前 32—前 7 年在位）时的赵飞燕以及唐中宗（684、705—710 年在位）时的上官昭容等则是其例。

李夫人是汉武帝宠爱的歌手李延年（演艺人过去是奴隶身份）的妹妹，皇帝迷恋其优美的舞姿，封她为夫人(妃位之一)，李夫人进宫后即刻受宠。李延年为了向汉武帝推荐其妹唱道："北方有佳人，绝世而独立。一顾倾人城，再顾倾人国。宁不知倾城与倾国？佳人难再得！"之后，"倾城"一词用于指美人，其由来也广为人知。据说，李夫人死后，汉武帝仍一往痴情，甚至想让道士用道术招回她的灵魂，这成了有名的传说。

赵飞燕是宫中奴婢的女儿，是阳阿公主家的婢女，后被微服来访的汉成帝看中，被迎进宫中封为婕妤（妃位之一)。据说其"身轻若燕，能作掌上舞"，因而被誉为"飞燕"。招入后宫之后，她深受成帝宠爱，取代了许皇后以及一直受宠的班婕妤二人，登上皇后之位。当时，为弥补宫中奴役出身的身份，其父被封为诸侯，其妹也被封为昭仪(妃位之一)，姐妹俩人双双受成帝专宠。

上官昭容名婉儿，是唐代初期著名文人、宰相上官仪的孙女。只因其祖父上官仪被武后则天定死罪，其父亲也同受株连，由于家族籍没，母女被沦为宫中奴婢。婉儿天生聪秀，长大后显露出祖父遗传的文才，并深得武后则天的信赖，中宗复位后，令婉儿掌管宫中诏令，婉儿深得中宗赏识和宠爱，被封为昭容（妃位之一）。由此，其祖父也恢复了名誉，父母也被追赠了爵位。可是，或许是因才招祸吧，由于参与了韦皇后毒杀中宗的夺权计谋，她在随后唐玄宗李隆基发动的宫中政变中被杀害。虽然上官昭容命运悲惨，但与李夫人和赵飞燕有所不同，她不仅以美貌受宠，其非凡的文采也深受皇帝赏识，在下面的第四章也将会看到，这也是唐代对妓女的评价发生变化的缘由之一。上官昭容虽然出身于高官名门，但因祖父之罪沦落为宫中奴婢，她通过自身的努力最终恢复家族的荣耀，其一生坎坷，富有传奇色彩。

如上所述，有不少宫妓声名显赫、引人瞩目，但是，大多数一般的宫妓，不为皇帝所瞩目，在宫中充当奴婢度过压抑而孤寂的一生。此外，有的宫妓是归属于其他教坊的，在以下的章节里将对此作详细介绍，故在此不详述。

家妓

家妓是指私人家中的妓女，主要是古代达官贵人家中供养的妓女。到了后世，也有不少商人以及富农家中有妓女。受宠的妓女与妾几乎没有区别，所以有时也写成“妾”或者“姬”。尚不能确切地考证家妓是从何时开始出现的，但是，自古代开始就有“家妓”的称呼。如上所述，春秋时期作为一种贿赂手段向皇上赠送女乐，有时皇上将其中一部分女乐赏赐给受宠的大臣，在这种情况下，可以说这部分女乐就成了臣下家中的妓女。始皇帝的母亲也曾经是商宦吕不韦（？—公元前235年）的爱姬。《史记》卷八十五《吕不韦传》中有如下记载：

> 吕不韦取邯郸诸姬绝好善舞者与居，知有身。子楚从不韦饮，见而说之，因起为寿，请之。吕不韦怒，念业已破家为子楚，欲以钓奇，乃遂献其姬。姬自匿有身，至大期时，生子政。子楚遂立姬为夫人。［大意为：吕不韦娶了邯郸歌姬中舞姿拔萃的歌姬为妾，并知爱姬怀了自己的孩子。一次，子楚（后来的秦庄襄王）在不韦家饮酒，初遇歌姬，想占为己有。吕不韦非常生气，但是已为子楚投入了巨大家产，为了保全（立子楚为太子的）计划，就将爱姬献给了子楚，但隐瞒了爱姬已怀有身孕的事实。不久爱姬生下一子，即嬴政（始皇

帝）。子楚成为昭王的皇太子后，姬便成了太子夫人。］

该典故因“机不可失”这一成语而知名，此外，这又是有关始皇帝身世的秘密。但不管怎样，根据其在邯郸歌姬中舞姿拔萃的记载来看，可以认为吕不韦的爱姬曾经是妓女吧。赵国的邯郸和燕国都是歌舞繁盛之地，正如后世所说的“燕赵美人”，这两地有很多妓女。吕不韦娶歌姬为妾，可以认为她原本是吕不韦家中的妓女。

如上所述，家妓是自古就有的，开始大量出现在文学作品以及记录中，则是在贵族阶层扩大的魏晋南北朝时期。第三章中将要介绍西晋石崇（249—300）的爱姬绿珠、东晋王献之（344—388）的爱妾桃叶等，关于家妓，有诸多的史料记载。此外，到了唐代可以看到不少官吏士族的家中也开始有了妓女。例如，白居易（772—846）的樊素和小蛮，因常常出现在他的诗作中而尤为著名。

家妓不仅供主人玩乐，在招待宾客、举办家宴时，她们以娇艳的容姿、优美的歌舞技艺表演令宾客赏心悦目。家妓的才貌受到客人称赞，对于主人来说是自我炫耀的资本。第四章中将介绍，也有很多在家宴的场合写成的诗。

图 2 《韩熙载夜宴图》（顾闳中作）所描绘的家妓

另外，向客人介绍自己的家妓，客人与妓女之间增进了亲近感，也有不少妓女死后得到客人赠送的哀悼诗。这种个人家宴的情形，通过五代名画《韩熙载夜宴图》也可窥见一斑。

前面以春秋时代为例，介绍了向皇宫赠送的女乐在当时是贵重的赠品，这即使到了后代也并没有改变。而帝王对于建有功勋的大臣，有时也赏赐宅第以及女乐。例如，唐德宗在位（780—805）时，对讨伐叛军夺回长安，为恢复皇室势力建立功绩的李晟和浑瑊，赏赐其宅第和女乐以示奖赏。德宗刚重返长安宫殿时，奖赏有功之臣以宅第和女乐，其中，得到最高奖赏的是中书令李晟，其次是侍中浑瑊。（李肇《国史补》上卷）得到的女乐也就成为自家的妓女，而拥有皇上恩赐的女乐，也被视为地位优越的象征。

营妓

营妓是指隶属于军营管辖的妓女，主要是供将士以及军部官吏玩乐。通过营妓得到的收入作为军营收益。据说是汉武帝时代开始设置了最初的营妓，但是如前所述，越王勾践曾设置"独妇山"，由此可知，早在汉武帝之前就有了营妓。宫妓和家妓是为特定的人玩乐的，而营妓则与之不同，因为是以非特定的将士、军部官吏为对象提供性服务，其状况与下面的官妓大致相同，其生活状况基本上与民妓没有什么差别。历史上最早有姓名记载的妓女是进入唐代以后，第三章中列举的薛涛（758？—832？）即是营妓的代表。此外，唐代后半期，节度使的权势强大，其周围聚集了众多文人名士，他们与营妓之间有许多逸闻和风流韵事。在此，先介绍一下与韩愈（768—842）有交往的作家欧阳詹的一段恋情。

根据《太平广记》卷二百七十四《情感》中列举的《闽川名士传》，其中记述了欧阳詹的一段恋爱故事。欧阳詹考上进士后，去太原一带旅游，与东河节度使军营的妓女相爱，两人情爱甚笃。欧阳詹返回京城前，立下誓约日后定会来迎娶，别后他思念心切，在归途中写了下面的诗，赠与妓女：

驱马渐觉远，回头长路尘。
高城已不见，况复城中人。
去意既未甘，居情谅犹辛。
五原东北晋，千里西南秦。
一屦不出门，一车无停轮。
流萍与系匏，早晚期相亲。

“屦”是脚穿的东西，这里意指脚穿“屦”的妓女，“流萍”和“系匏”分别指命运漂泊不定的浮萍和受束缚不自由的葫芦，欧阳詹用来比喻自己和妓女。“去意”、“居情”的后面，连续使用“晋”、“秦”，“一屦”、“一车”，

“流萍”、“系匏”来比作两人，通过这种比喻的手法来抒发两情缠绵、难舍难分。

欧阳詹如此留恋难舍地返回京城，但是回到京城后就任国子监教员，即使过了数年之后也没有如约迎娶太原的妓女。妓女因长期思念成疾，一日剪下头上一缕青丝放在镶嵌着金丝的首饰箱里，并作诗一首：“自从别后减容光，半是思郎半恨郎。欲识旧来云髻样，为奴开取缕金箱。”将身后之事拜托了妓女姊妹后死去。欧阳詹总算派了使者前来太原，将遗留的首饰箱和诗带回长安。据说欧阳詹读了诗、看到发丝追忆旧情，恸哭不止，日渐憔悴，不久死去。后人以两人的恋情为题材撰写的长诗受到好评，并广为流传。

除此之外，在节度使的幕府中充当幕僚的士大夫与营妓之间也流传着很多风流逸事。唐代末期，有位名叫罗虬的诗人，仕途不济以诗酒自娱，写了一百多首诗，都是为因移情别恋遭杀害的妓女写的，其描写的妓女可与历代美女、名花相媲美。进入唐代后期，因能成为节度使的幕下成了一条出仕的途径，所以，幕府中集聚了众多精英人才，营妓的作用也进一步增大，但是，到了宋代以后废止了节度使，改变了军部制度，营妓的人数也大为减少，其作用也相对地削弱了。

官妓

官妓是属于官府或州府管辖的妓女，主要是供地方各级官吏及当地有权势的人玩乐的。官妓始自何时尚不明确，大概是在齐桓公时期设置的像“女闾”一样的组织的基础上发展而来，并随着官府组织的整备规模进一步扩大。据资料来看，唐代以后可以看到官妓的活动。据记载，唐代的长安北里是代表性的花街柳巷区，虽然花街中各个妓院独自运营，但原则上这些妓女们是在教坊的统一管理之下。若是分类的话，可以将她们视为官妓。有关长安北里妓院区及妓女的情况将在以后的章节中介绍，这里主要就宋代的官妓概述如下。

宋代的官妓隶属于州府管辖，但实际上分别归属于各个妓院或酒楼。这些妓女不仅参加州府举办的酒宴，为酒场助兴，供官吏玩乐，平时也在妓院或酒楼为一般的人提供性服务，其收益纳入州府金库。在《东京梦华录》中，作者孟元老描述了北宋京城汴京（现河南省开封市）的繁华景象，详细地记述了城内酒楼举办各种例行仪式和活动时的情景，酒楼壮观而讲究：

凡京师酒店，门首皆缚彩楼、欢门。唯任店入其门。一直主廊约百余步，南北天井两廊皆小阁子。向晚灯烛荧煌，上下相照，浓妆妓女数百，聚于主廊槏面上，以待酒客呼唤。望之宛若神仙。(**卷二《酒楼》**)

此外，周密（1232—1308）的《武林旧事》卷六的《酒楼》中也描述了南宋京城杭州（现浙江省杭州市）的繁华景象，其中，列举了和乐楼、和丰楼、中和楼等酒楼之后，作了如下的描述：

以上并官库，属户部点检。每库设“官妓”数十人，各有金银酒器千两，以供饮客之用。每库有只直者数人，名曰“下番”。饮客登楼，则以名牌点唤侑樽，谓之“送花牌”。元夕诸妓皆更番互移他库夜卖，各戴杏花冠儿，危坐花架。然名娼皆深藏高阁，未易招呼。[**大意为：上述的酒楼都是官办酒楼，隶属于户部点检**

所的官酒库（负责军部酒及资金管理的官署）。各酒楼设官妓数十人，并各有价值千两的金银制酒器，供嫖客享用玩乐。各个酒楼实行轮班制，几名妓女当班。嫖客登楼，则以名牌点唤，谓之“点花牌”（按妓女的名牌指名）。正月十五元宵节的晚上，妓女们按照当班的前后顺序，去各个酒楼。元宵之夜，妓女们各自头戴杏花装饰的花冠，坐在摆着花的搁板旁边招徕嫖客。但是，名妓则都在里边的大殿里，难以看到她们的身姿，叫名妓陪酒也并非易事。]

吴自牧描写南宋杭州城景象的《梦粱录》（卷二十）中也有同样的描述，当时著名的官妓和民妓的名字一起排列，嫖客们竞相点唤走红的妓女。

一般认为，各个时代官吏嫖宿官妓都是自由的，但实际上，因朝代不同也有不同的规制，特别是明朝宣德年间（1426—1435）初期，朝廷下令禁止官吏和妓女交往。当时不断出现一些沉溺于嫖妓、玩忽职守的官吏，顺天尹（京城顺天府的长官）的辅佐担忧纲纪混乱，于是向朝廷上奏，由此开始禁止官吏和官妓的交往。据说此后一段时期，妓女的身影从官府消失了。但是，士大夫等不在官府供职的人不受这一禁令约束，因此，花街柳巷区妓女的身影依然到处可见。到了明代后期，又恢复了官吏和妓女的交往，上述禁令究竟持续到何时尚不清楚，但由此也反映了明代妓女活动极其繁荣兴盛的状况。

民妓

民妓是在私营妓院里卖淫的妓女，主要是供下级官吏以及一般庶民玩乐的。这些妓女或者属于私人妓院，或者是相当于日本的从事个人卖淫活动的野鸡（江湖时代夜晚在街头拉客的妓女）。因为民妓生活在社会的最下层，以卖淫谋生，她们的生活很少有记载，但是一般认为自古以来就存在，汉代以后民妓活跃在市区，为促进都市的繁荣作出了贡献。从唐宋时期到明代初期，民妓在市区妓女业中占有很大比例。如前所述，明代宣德年间对官妓的活动严加限制之后，民妓就以一般市民为对象提供性服务，为商业经济的发达发挥了极大的作用。民妓中也有一些才貌双全的妓女，其中许多被赎身或者作为赠品送给有权势的富豪或者官府。民妓中知名的妓女很少，但是她们在社会中的作用是不可估量的。在此，介绍一下资料中收录较多的清末至民国初期上海民妓的情况。

关于清末上海的民妓，在第五章列举的小说《海上花列传》中也有详细介绍，当时以英国租界为中心的花街柳巷向外扩展，并有各种等级不同的妓女。高级妓女称为“书寓”，“书寓”也是最高档次妓女的称谓。妓女自己出资建房，正门挂着“××× 书寓”（××× 是妓女的名字）的门牌，“书寓”则由此而得名。她们的妓馆大多位于街巷深处，一家妓馆里有一名到数名妓女，坐等嫖客上门。嫖客一到，善于接客的人出迎，侍女倒茶后，妓女身着艳装来到客人面前，若客人对妓女不特别中意的话，也可“只看不嫖”，随后离开。若是中意的话，即刻铺设宴席，妓女陪酒或者唱戏助兴，她们一般自称卖艺不卖身。而且，这些妓女大多有一个或者几个“相好”（也叫恩客，即照顾生活的人），一般都有经济上的保障。平常称她们为“先生”，后来也叫“长三”（也有将“书寓”称作“特级”、“长三”称作“一级”的说法，但这种区别好像只是在某个特定时期，实际上大致是相同的）。按妓女的等级排序，其次是“幺二堂子”，通常略称“幺二”。这类妓女中也有靠他人赞助自己开业的，但一般是受雇于私营妓院，妓院的规模建筑以及“幺二”本身的服装和演艺都比“长三”逊色，身价也比“长三”低廉。据《海上花列传》记载，陪酒席侍奉客人，“长三”一次 3 美元，“幺二”一次 2 美元。上述两种是应招到宴席陪客的高级妓女，此外，还有“花烟间”、“野鸡”以及从广东和外国等地来的较低级的妓女，并且还有称为“人家人”的，即所谓的业余妓女。据 1915 年的调查，当时上海公共租界内，头等妓女“长三”1229 人，二等妓女“幺二”505 人，另外，“花烟间”1050 人，“野鸡”4727 人，包括其他广东妓女等总计有 7791 人（不包括法国租界和日本租界的妓女），并且妓女本身带有侍女（已婚的叫“姨娘”、未婚的叫“大姐”）和男侍。（上海市文史研究馆编《旧上海的烟赌娼》中的《旧上海的娼妓》，平襟亚著）当时娼妓业的繁荣景象由此可见一斑。1919 年五四运动以后，上海市也开展了禁娼运动，花街柳巷渐渐衰落萧条，但是后来日本军队占领上海后变换方式继续保存了下来，直至 1958 年全面实行了废娼运动。至此中国妓女漫长的历史也落下了帷幕。

四、女道士和女尼

在此，有必要就女道士（因为戴头冠，所以也称为“女冠”）和女尼作一介绍。女道士和女尼虽算不上是妓女，但其行为也曾与娼妓类似。女道士和女尼是从何朝代开始出现的，尚不清楚，佛教刚刚传入中国后，没有看到中国妇女出家做尼姑的事例。但是随着佛教向社会的渗透，渐渐出现了女子出家当尼姑的现象，西晋王朝末期的建兴年间（313—316），洛阳曾有个名叫净检的尼姑。此外，在佛教传播的同时，道教也确定其教义逐渐形成和发展起来，由此，在尼姑出现后不久，女道士也开始出现了。唐朝，皇室的姓（李）与被视为道教始祖的老子（李耳）同姓，所以道教格外受到尊崇，在社会上男女道士都享有重要地位。唐代可以看到很多公主以及宫女等出家当女道士的事例。

具有娼妓的一面

女道士和女尼属于宗教者，她们要参与一些宗教方面的礼仪，同时也提供一些性服务。也可以说是古代巫娼的继承者。世界各地对寺院娼妓的存在予以认可，中国也不例外。南北朝的北魏（386—534）时期，巡查河北地方的官吏对尼姑进行身体检查，其结果有“淫状”记录，失去童贞的有数千人（《北史》），另有记事（《南史》）表明，梁朝（502—557）都城（现在的南京）的寺院里，尼姑多有养女，身穿娇艳的薄丝绸衣。此后的宋代，在陶穀的《清异录》卷三“浅文殊眉”条中，也记载有“范阳的凤阳院里年幼的女尼还不到20岁，可是娇艳聪慧，擅与客谈笑应酬。她发明了新的描眉法，其轻盈纤细的描法别有风韵。由于她是佛教弟子，人们将这一描眉法称为“浅文殊眉”（文殊菩萨浅细的眉）。此外，女道士与道教术之一的房中术（男女合气之术，男女性生活方面的养生术）有关，因此具有浓厚的性的色彩。本来道教中不禁止性欲，认为具备了应有的道术进行性交的话，可以治百病，延年益寿。由此，道教提倡运用房中术，认为是一种将体内先天的精、气、神（精是基础物质，气是能量，神表示控制意识）凝聚起来的内丹法（相对于服用练丹药的外丹法而言）。具体的做法从略，其主要目的是通过性交还精补脑（将精液还原为元精，汇集到上丹田，与神合体的修炼方法），为此，一般希望与通晓房中术的女子性交。所以，女道士中有很多充当性行为的角色，其中也有的利用房中术卖春。因此，在道教的寺院，也有许多与上述寺院情景相同的记载。例如，五代王谠《唐语林》卷一中，记载了唐宣宗（847—859 年在位）时代的下述状况：

宣宗微行至德观，有女道士盛服浓妆者，赫怒归宫，立召左街宫德使末叔康（负责管理长安城东半部寺院的官吏）令尽逐去，别选男子二人住持其观。

这一记事是长安城中的事例，但是，也有不少资料表明，地方的道观以及街道祠堂等也有类似于娼妓的女道士。

由此可知，在一部分寺院以及道观里，可以看到娼妓变相卖春的现象。本来寺院及道观是普通百姓参拜、众人聚集的地方，即所谓百姓的社交场所，在唐代，是人们游玩的地方，有时还兼作游艺场所。宋人钱易的《南部新书》中，对当时长安的情形有如下记述："长安戏场，多集于慈恩。小者在青龙，其次荐福、永寿。尼讲盛于保唐。"寺院和道观具有宗教礼仪上性的一面，另一方面又是游玩的场所，寺院和道观也像妓院一样曾是提供卖春活动的场所。

与文学的关系

上述的女道士与诗歌及小说世界密切相关，在文学上具有十分重要的作用，例如张鷟（7世纪末）的小说《游仙窟》（该作品传到日本也曾对平安文学产生了很大的影响），讲的是主人公张生，旅途中误入神仙窟，受到仙女十娘和女侍五嫂的柔情款待，与十娘一夜共枕相爱的艳遇故事。其中有许多看上去是模仿了妓院的情景，文中夹杂不少色情描写。将艳遇的女子描述成仙女，表现了妓女具有道家要素的一面。

在唐代，一般将妓女比喻为“仙”，将妓院比喻为“仙境”。这种比喻大概是因为一般妓院是脱离日常社会生活的场所，妓女是脱离家庭、与日常生活中的人不同的女性，因此将妓院比喻为脱离尘世的仙境，将其中的妓女比作仙女。不仅如此，运用房中术等仙术的女道士某种程度上过着如同妓女一样的生活，这也是将妓女视为仙女的一大原因。

此外，在诗歌方面，女道士中有第三章介绍的鱼玄机（844？—867？）和被誉为唐代女诗人代表的李冶，以及许多以她们为赠答对象的诗歌作品，引人瞩目，其中，最精彩的要数李商隐（812？—858）的恋爱诗，主要是通过与类似娼妓的女道士交往，并以此为题材写成的诗歌。李商隐是晚唐著名诗人之一，他写的恋爱诗即使在中国诗歌创作史上也享有盛誉。在第四章中将详细地介绍其恋爱诗的内容，在此，来看一下李商隐的以女道士为对象创作的《中元作》（《玉溪生诗集》卷六）：

绛节飘飖宫国来，中元朝拜上清回。
羊权须得金条脱，温峤终虚玉镜台。
曾省惊眠闻雨过，不知迷路为花开。
有娀未抵瀛洲远，青雀如何鸩鸟媒。

这首诗歌以中元（农历七月十五日）这一道教的节日为开端，令人想起其背景中的女道士。从颔联展开与仙女般女子的相遇，如今却成了难圆之梦，隐含了作者的极度悲伤和思慕之情。与当初中元节这一具体的时间相隔，进入了故事般的世界。这里所使用的仙女萼绿华、巫山神女、桃源仙人、有娀（古代的国名，因为有著名的美女，所以被借以比喻女子所在的地方）、瀛洲（东海仙山之一），还有青雀（仙女的西王母使用的鸟），都是与神仙和美女有关的典故，由此唤起人们的想象，从整体上烘托了与仙女的恋情难以成真的现实。这种以具体背景描写恋爱故事世界的象征性的手法，是李商隐诗歌的独特之处，这也是以往诗歌创作中未曾有的新尝试，为其诗歌增添了无穷魅力。诗中刻画的女道士的身影表明，不仅是妓女们，女道士同样也是李商隐诗歌的欣赏者，她们在社会上、文学上也发挥了很大作用。

五、中国古代之男色

娈童

中国也与世界其他各国一样，不仅有妓女，男人色情服务也同样盛行，有很多像妓女一样受客人宠爱的“娈童”（美少年之意，指男人卖淫的情况）。男人提供色情服务不是本书的主要论题，因为多少有些关联，故在此仅作简单介绍。

有关娈童的最初记载见于春秋战国时期。初期的代表有安陵缠，深受楚共王（公元前 590—前 560 年在位）宠爱，发誓在帝王死后随大王入九泉之下。于是共王乃封安陵缠于车下三百户。还有深受卫灵公（公元前534—前493年在位）宠爱的弥子瑕，吃了一口甜桃将剩下的给灵公。后来弥子瑕年老色衰，灵公对他开始生厌，以上之事成为罪状受到处罚。这一“爱憎之变”的故事（《韩非子·说难篇》）广为人知。此外，魏王宠爱的龙阳君也是著名的代表人物之一。一次，龙阳君随魏王钓鱼时忍不住哭泣，魏王问其故，他答曰，鱼接连不断地被钓上来，魏王就想把开始钓到的小鱼弃之于海，美男子接连不断地出现在魏王面前，不定何时自己也会像鱼一样被弃之于海，念及此怎能不哭呢？据说，魏王听罢此话，下令禁止向宫中引荐美男子（《战国策》）。到了汉代，董贤（公元前23—前1年）及“断袖”的故事广为流传。董贤是哀帝（公元前6—前1年在位）的男宠，和哀帝一起午睡时枕着哀帝的衣袖入睡，据说哀帝醒后为不惊动董贤而剪掉了袖子。上述的代表人物应该说都是娈童的代名词，在后人所写的诗歌中，常常作为典故被引用。

魏晋南北朝以后，这种风俗不仅保留在王侯贵族之间，也扩大到士大夫之间，并有许多描写娈童的文学作品被保留下来。梁朝简文帝（550—551年在位）写有《娈童诗》

（《玉台新咏》卷七），是一篇题材醒目的诗作。下面要介绍的是魏晋时期著名诗人阮籍（210—260）写的《咏怀诗》中的一首（第12首，《文选》卷二三，《玉台新咏》卷二）：

昔日繁华子，安陵与龙阳。
夭夭桃李花，灼灼有辉光。
悦怿若九春，磬折似秋霜。
流盼发姿媚，言笑吐芬芳。
携手等欢爱，宿昔同衾裳。
愿为双飞鸟，比翼共翱翔。
丹青著明誓，永世不相忘。

阮籍的《咏怀诗》内容丰富，这首诗可以说是表现其诗歌题材多样性的一例，表现出阮籍对古代娈童的浓厚兴趣（但并不是说他本人染上这一习性）。由于社会上存在着这一风俗，它才成为诗歌创作的题材。

崇尚美男之风

此后，宠爱美少年的风潮盛行。例如，《清异录》卷一的《蜂窠巷陌》中描写了宋朝都城的情景，其中写道：

> 四方指南海（现在的广东、广西之地）为烟月作坊（指在朦胧月色下作业的场所，表示进行男女淫荡之事），以言风俗尚淫。今京师鬻色户将及万计，至于男子举体自货，进退怡然，遂成蜂窠（好像蜂巢一样鳞次栉比的一带），又不只烟月作坊也。

此外，《五杂俎》卷八《男色》中有关明朝北京的情况，有如下描写：

> 今京师有小唱，专供缙绅酒席，盖官伎既禁，不得不用之耳。其初皆浙之宁波人，近日则半属临清矣。故有南北小唱之分，然随群逐队，鲜有佳者。间有之则风流缙绅，莫不尽力邀致，举国若狂。此亦大笑事也。（大意是：现今京城有小唱，是禁止官吏和妓女交往后，取代妓女陪酒和唱歌助兴、提供色情服务的男娼，最初，小唱都是来自浙江宁波和绍兴一带的人，最近一半来自山东临清。故按籍贯不同分成南北两团体，他们集合列

队行动，其中眉清目秀、俊美者不多。若偶遇色貌出众的，好色的士大夫们便蜂拥围上，世道变得异常。这自然令人发笑。）

男娼不仅是限于一部分人的嗜好，应该说它的盛行成了一种社会风气。实际上明代男人色情服务极其盛行。据记载，南京的花街柳巷为满足嫖客欲望，甚至进行“鸡奸”，容许男人卖淫，有的甚至受到好评。这之后则可想而知了吧。即使到了清朝，演戏的艺人卖身这一风潮依然盛行不衰，袁枚（1716—1797）等著名的文人有不少也染有这种癖性。

如前所述，常见的说法是这一风习最初在广东、福建等南方地区盛行，后来扩大到北方地区，但是出现这种地域差异的实际状况及原因等尚不清楚。

第二章　妓女的技艺和日常状况

一、妓女的技艺

妓女的技艺包括各个不同的方面，最主要的是音乐和舞蹈。首先看一下妓女的音乐技能。

宫廷音乐所

各个朝代的音乐管理主要隶属于宫廷音乐所，妓女的歌舞、奏乐等技艺也基本上在各朝代音乐所的管辖之下，各个时代有不同的流行趋势。

宫廷音乐所与主管宗庙的祭祀以及各种礼仪或行医占卜的机构等同属于一个部门。这一部门自秦代开始设置，叫做奉常，汉代改为太常，而到了南北朝的北齐时期（6 世纪中期）改称为太常寺，之后各朝代一直沿用这一名称。以唐代为例，太常寺的长官叫卿，副官叫少卿，太常寺下设郊社署（管理祭祀）、太医署（医学）、太卜署（占卜）、吹鼓署（军乐）、太乐署等。太乐署主要起到了以雅乐演奏为主的音乐所的作用。据《新唐书》记载，音乐所有约11500个乐人。而这些乐人的身份一般是奴隶阶层。

梨园和教坊

在唐代，宫中最初设有与太常寺不同的内教坊，以宫妓为对象传授雅乐。但是，当时除了这种传统音乐之外，也从西域传入了胡乐，同时，各种各样的民间音乐也极其盛行。为了适应这些音乐变化及动向，擅长音乐的唐玄宗（712—756年在位）于开元二年（714）新创设了梨园和教坊两个组织。

熟悉法曲（隋国灭掉陈国时江南的民间音乐）的唐玄宗，从太常寺的乐工中选出演奏管弦乐器的300人，亲自教授他们法曲。因练习的场所在宫苑中的梨园，因此起名为“梨园”。隶属于梨园的乐工，由于直接师从玄宗皇帝，所以又被称为“皇帝梨园弟子”。教坊，则主要是以教习散乐和民间音乐为主，分设左右两处，左教坊是长乐坊，右教坊是光宅坊，两者均在宫外城内的坊里。（在洛阳，左右教坊都在明义坊。参照图 3）

所谓散乐，就是指不属于传统音乐的歌舞剧和曲艺等。有关散乐的解释，较早的可见于记载周代制度的《周礼》

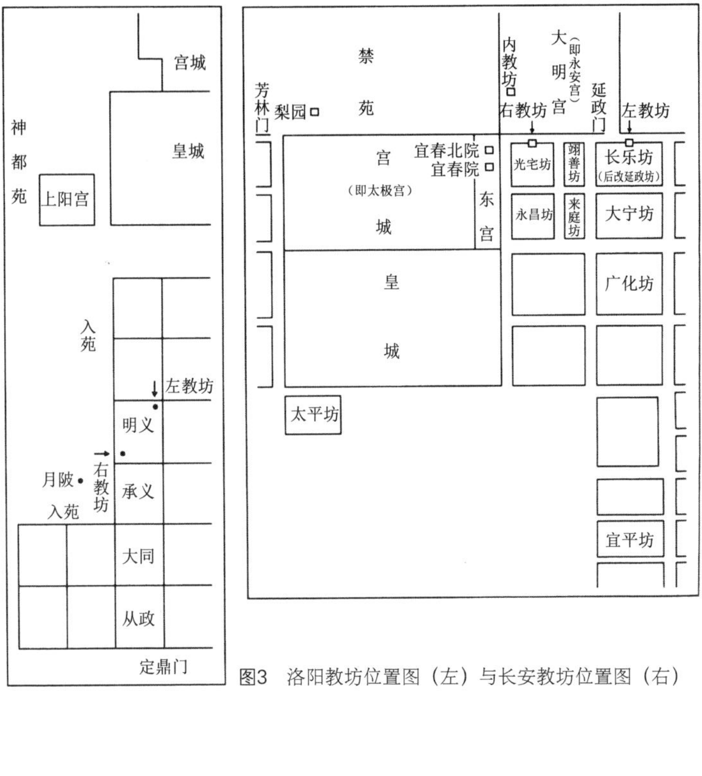

图3　洛阳教坊位置图（左）与长安教坊位置图（右）

中，其中的散乐是指“善于音乐歌舞的非官府艺人”，也就是指“与官府艺人不同的普通艺人”。根据与官府无关之意而称其为“散乐”。汉代，从西域传入新的音乐，其中也包括走钢丝等惊险杂技及吐火（从口中喷火）、吞刀（吞入刀剑）等魔法，它们也一并纳入散乐。由此，形成了融合音乐、舞蹈、杂技、魔术、驯兽等多种技艺的综合艺术。正像其别称“百戏”一样，它包括抵角（相扑）、绳技（走钢丝）、翻筋斗、头顶杆、投掷、舞剑以及马舞、鱼龙曼衍（扮成鱼龙呈现各种变化的大型魔术）等各种各样的演艺。在唐代，另外还盛行舞蹈剧、滑稽短剧等，这些都为后来戏曲的兴隆奠定了基础。同时，散乐对日本的猿乐（也写成“散乐”）也产生了一定的影响。

唐代教坊的传授对象，不仅限于宫中乐人及宫妓等，同时也包括众多擅长演艺的人。隶属于教坊的妓女，若演艺受到皇上的赏识，则能进入东宫的宜春院，给皇帝表演，称为“内人”。其中也有不少得到皇上宠爱。此外，隶属于教坊的妓女即使离开教坊之后，在皇上举办慰劳臣民的盛大酒宴（为赏赐臣民举办酒宴，使其观赏歌舞技艺）时，有时也被按名单召集起来参加表演。但是，因安史之乱

(755—763) 宫中秩序混乱，隶属于教坊和梨园的乐人和妓女四处逃散，之后再也没有恢复到玄宗在位时的繁盛状况。杜甫（712—770）的诗作《江南逢李龟年》，写了宫中乱后与梨园知名弟子李龟年在江南相遇。诗作含蓄地表现了过去和现在的变化，令人回味无穷。

岐王宅里寻常见，崔九堂前几度闻。
正是江南好风景，落花时节又逢君。

梨园是由有杰出音乐才能的皇帝玄宗主导设立的组织，安史之乱后梨园的活动急剧衰落，此后一直没能复兴（近世一般将演戏的艺人叫“梨园弟子”）。但是，称为“教坊”的组织没有中断，一直留存到后世，担负着宫廷音乐所的部分职能，只是其规模及作用等发生了一些变化。

妓女的歌舞

像散乐等演艺以及宋代以后的戏剧一样，妓女的技艺因时代不同所包含的内容也各不相同，但最基本的还是歌舞演奏吧。各个时代都有被誉为“名手”的妓女，并且随时尚的变化出现新的乐曲、舞蹈及乐器。善于歌舞演奏和有表演才艺的妓女，一般是高价赠品，或被呈送宫中或被赠送达官贵人，许多集聚在皇宫里或在有权有势人的手中。也有极其特殊的事例，就像前一章列举的前汉的赵飞燕，其轻盈的舞姿被誉为“似掌上飞舞”，赢得了成帝的赏识和宠爱，甚至最后被封为皇后。此外，后妃中，也有很多如唐代杨贵妃翩翩起舞“霓裳羽衣”那样歌舞精湛的人。

以歌手著称的人中，古代有韩娥（《列子》）、汉武帝时的李延年，妓女中要数唐代的许永新、张红红最为著名。据唐代段安节的《乐府杂录》记载，许永新，原名许和子，吉州永新县（现江西省）人，开元（713—741）末被选入宫中宜春院时，名字改用出生地名。据说在秋天寂静的夜晚，许永新在明月下放喉高歌时，其歌声传遍整个都城。在兴庆宫勤政楼下举办慰劳臣民的盛大酒宴时，观者成千上万，因会场嘈杂，喧哗声淹没了歌舞百戏之声，但永新登上高殿唱歌时，千万观众顿时鸦雀无声，沉浸在美妙的歌声中，会场平静得甚至能听到滴水声。安史之乱宫中混乱后，永新逃往扬州投靠熟人避难，据说在寄身投靠的人死后，她沦落为妓女，在妓女生涯中结束了一生。另一位歌手张红红，原本与父亲一起靠沿街卖唱谋生，偶遇也是名歌手的宫廷卫队将军韦青。韦青将其作为歌伎收入府中进行演艺训练，之后在大历（766—779）初期呈献到宫中的宜春院。红红颖悟绝伦，听过的曲子过耳不忘，据说，红红在韦青家生活时，一位乐工演奏一首根据古曲改写的新曲，在屏风后听曲的红红马上记住了曲调，并当场重复演唱，不仅没有半点差错，还对一处曲调欠妥的地方作了修正，乐工大为惊讶，叹服不已。

红红进入宜春院后，深受代宗（762—779 年在位）的宠爱，并被封为才人（相当于妃子），但当红红得知韦青死讯时，因难忘其大恩而悲痛不止，恸哭气绝。除了上述的两位名歌手以外，唐代还有御史娘和柳青娘等，并且也有很多留名后代的妓女，在此从略。

要说舞蹈名手则以赵飞燕著称。此外，还有如唐代擅长剑舞的公孙大娘，以及五代南唐（937—975）的宫妓、把脚缠得纤细小巧而被誉为美脚的窅娘（也有因窅娘小脚之美，之后盛行缠脚风习一说）。舞蹈的种类也极其丰富，据《乐府杂录》记载，唐代大致分为健舞、软舞、字舞、花舞、马舞 5 种。健舞是快速而活泼的舞蹈；而软舞则是缓慢的舞蹈；字舞是跳舞者以不同的排列队形，组合成字句的组舞；花舞是通过服装和身体的变化呈现图案的舞蹈；而马舞则是让装饰漂亮的马伴着音乐跳舞的与杂技相结合的舞蹈。“霓裳羽衣”和“剑器”等舞则分别属于上述的某个类别。各种舞蹈随时代不同也有流行和颓废的变化，但是此后也大致保持了这5种分类。

有关乐器的演奏比较繁杂，在此从略。所使用的乐器有琴、琵琶、筝、箜篌、阮咸等弦乐器，笛、箫、笙、筚篥等管乐器，以及鼓、羯鼓、拍板等打击乐器和其他各种乐器，且各种乐器都有弹奏的名手。她们不仅在教坊和都城展示演奏才能，有许多即使离开教坊之后，其精湛的演技也令听众深为感动，正如白居易的《琵琶行》(《白氏文集》卷十二）中所描述的一样。

妓女和戏剧

进入宋代，开始盛行叫做“杂剧”的戏剧(详见第五章)，妓女在技艺方面也增加了戏剧的演唱和演技。孟元老的《东京梦华录》(卷七）中有如下记载：

3 月 1 日金明池（在都城的西郊）开池之际，徽宗（1101—1125 年在位）驾临，皇宫卫队表演各种演技（队列游行和演奏、曲艺等）时，从隶属于教坊的宫妓中挑选的演员们也表演杂剧。

书中写有女演员箫住儿、丁都赛等人的名字。(参照图 4)

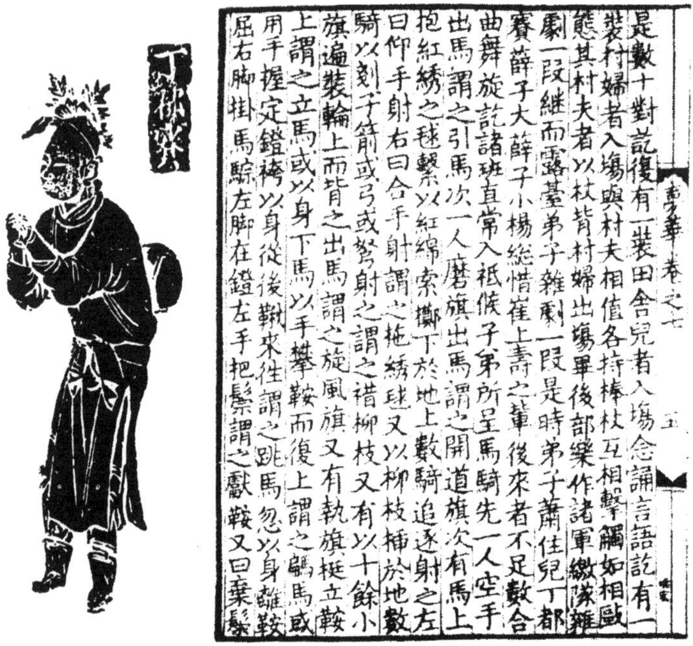

夢華卷之七　五

是數十對訖復有一裝田舍兒者入場念誦言語訖有一裝村婦者入場與村夫相値各持棒杖互相擊觸如相毆態其村夫者以杖背村婦出場畢後部樂作諸軍繳隊雜劇一段繼而露臺弟子雜劇一段是時弟子蕭住兒丁都賽薛子大薛子小楊総惜崔上壽之輩後來者不足數合曲舞旋訖諸班直常入祗候子弟所呈馬騎先一人空手出馬謂之引馬次一人磨旗出馬謂之開道旗次有馬上抱紅繡之毬繫以紅綿索擲下於地上數騎追逐射之左曰仰手射右曰合手射謂之拖繡毬又以柳枝插於地數騎以剗子箭或弓或弩射之謂之揷柳枝又有以十餘小旗遍裝輪上而背之出馬謂之旋風旗又有執旗挺立鞍上謂之立馬或以身下馬以手攀鞍而復上謂之騗馬或用手握定鐙袴以身從後鞦來往謂之跳馬忽以身離鞍屈右腳掛馬騌左腳在鐙左手把鬃謂之獻鞍又曰棄鬃

图 4　《东京梦华录》中所载之妓女

吴自牧也在描述南宋之都杭州状况的《梦粱录》（卷二十）中写道，杂剧在教坊的技艺中是重头戏，被隆重上演。另在描写元代名妓黄雪蓑的《青楼集》中，有像“天生丽质、擅长杂剧”（《汪怜怜》）、“天生聪颖、能背三百多段杂剧”（《李芝秀》）等的描写，以诸多事例表明妓女在杂剧方面有出色的演艺。在杂剧等中国的戏剧中，一般都要求演唱和跳舞，而作为妓女的技艺是非常适宜的。明代，在江南流行称为“南曲”的长篇戏剧，常常选旧院的妓女们出任演员，正如第五章《桃花扇》中所写的一样。

妓女的酒令、言谈技巧

不仅妓女要能歌善舞，在酒宴上富于言谈和机智应对的应酬能力也是评价妓女的重要方面。在孙棨的《北里志》中，对唐代长安平康坊妓院北里的几位妓女，有如下评价：

天水仙哥字绛真，住于南曲中。善谈谑，能歌令，常为席纠，宽猛得所。（《北里志·天水仙哥》）

郑举举住者居曲中，亦善令章。尝与绛真互为席

纠，而充博非貌者。但负流品，巧谈谐，亦为诸朝士所眷。(《北里志·郑举举》)

杨妙儿者居前曲，从东第四五家，本亦为名辈，后老退为假母。居第最宽洁，宾甚翕集。长妓曰莱儿，字蓬仙，貌不甚扬、齿不卑矣，但利口巧言，诙谐臻妙，陈设居止处，如好事士流之家，由是见者多惑之。(《北里志·杨妙儿》)

由此可知，除了歌舞技艺及相貌，是否善于应酬也是评价妓女优劣的一大要素。这在以后各个朝代也基本如此，元朝的《青楼集》中，记载了妓女曹蛾秀这样一段逸事：

一日鲜于伯机开宴，座客皆名士，鲜于因事入内。命曹行酒适遍，公出自内。客曰伯机未饮，曹亦曰："伯机未饮。"客笑曰："汝以伯机相呼，可为亲爱之至。"鲜于佯怒曰："小鬼头敢如此无礼。"曹曰："我呼伯机，便不可，却只许尔叫王羲之也。"一座大笑。

鲜于伯机是指元代文人鲜于枢（字伯机），不仅以诗文著称且精于书画，尤其擅长行书，其《千字文》等真迹流传至今。曹的答话称他为被人称道的书法大圣“王羲之”，应该说是临机应变、机敏的应答，这种风趣而机敏的言谈技巧自然令宾客开心愉快。

唐代的酒宴

接下来以唐代为例来看一下酒宴的情形。当时记载中多见像“餐后上酒”的描述，通常是用餐后饮酒。此外，一般是下午举办酒宴，随着夜幕降临酒席开场。夜宴照明费用昂贵，所以是极其奢侈的玩乐。在妓院举办酒宴时，夜宴通常加倍收费。向客人劝酒时，往杯中斟了酒后就要劝客人喝下，这和日本不同，在日本是使用酒壶给对方斟酒。著名诗人王维（699？—761）的诗句“劝君更尽一杯酒，西出阳关无故人”（《送元二使安西》），以及晚唐于武陵（810—？）的“劝君金屈卮，满酌不须辞”（《劝酒》）等诗中即表现了这种饮酒方式。而在饮酒时，一般都有音乐伴奏或者伴歌（称为“送酒曲”）。此外，有“巡酒”的说法，就是分别向宾客一一劝酒，不是一起干杯。一般是被劝喝酒的人要喝干酒，而并非是各自随意的饮酒方式。

在这种酒宴上，乐人和妓女不仅以歌舞助兴，有时宾客和主人也演奏或表演歌舞。此外，酒场上时兴各种各样的酒令。酒令自古就有，本来是射击等比武艺时用的。后来成为一种游戏，主要是将箭投进壶中的“投壶”游戏等，并渐渐地扩大为以儒学教养为内容的游戏以及富有机智、幽默诙谐对答的智能游戏。特别是在唐玄宗时代，出现了名叫李稍云的人，酒令得到了进一步的发展。到了唐代后半期，尤其以音乐为主的酒令十分流行。而近世（以至近代）酒席上盛行猜拳游戏，方式多种多样，但尚不清楚猜拳是否始于唐代。大概是到了近世才在市民中逐渐流行起来的吧。比起酒令来，猜拳更加简便易行，因此受到人们的喜爱。

行酒令的方式

有关酒令，唐代编写了各种介绍酒令的书，但是大部分失传，现存的仅有晚唐时期皇甫松编的《醉乡日月》等，并且只是其中的一部分（中村乔编译《中国的酒书》译本。而后世编写的介绍酒令的书有数种）。从《醉乡日月》中记载的一般酒令的进行方式来看，大致如下：以参加者20人为例，从中确定明府、律录事、觥录事（明府是县长官的别称，录事是书记官/秘书官，另外“律”意指决定的事，“觥”是指杯的意思）。明府作为主人的右臂协助主持酒宴，主要是酒的管理（温酒等），具体的酒席进展委托两位录事。律录事（席纠）是酒令游戏的具体组织者，要设法增加酒宴的热闹气氛，是酒筵上的核心人物，所以一要“善令”，即熟悉妙言酒令；二要“知音”，即善歌舞、能度曲；三要“大户”，即有酒量、能豪饮。担任律录事的人往往是专门的“饮妓”。觥录事主要是起维持酒席秩序的作用，刚毅木讷的人较适合。酒令使用的道具有筹（细长的票子）20张、纛20个、小旗20个，以旗宣令，以纛指挥饮次，以筹裁示违令之人。律录事管旗、筹、纛，有人违令或者扰乱酒席秩序时录事则执旗、执筹或执纛，实施罚酒。酒令一般是先从掷骰子开始，喝过少量酒后，进行律令（按口头禅进行）和著辞令（作诗词），像这样，从简便到复杂渐进地进行。富有文学性、艺术性的饮酒称为“雅饮”，与“俗饮”、“狂饮”（都指单纯饮酒欢闹的酒宴）有所不同，体现了唐代筵饮风格和特点。

酒令的种类

那么，酒令都有哪些种类呢？举几个具体的例子加以说明。骰子令也包括几种，在此从略，主要看一下使用简单道具的比较单纯的酒令。古时候“投壶”十分盛行，简单地说就是用箭投酒壶，以投入数量的多少确定胜负。还有历史悠久的酒令游戏“藏钩”和“射覆”。“藏钩”是分两人一组，一组人将钩藏于手中，让另一组人猜钩在哪个手里，猜不中者饮酒。此外，也有猜手中有几个小环的做法。而“射覆”则是用器皿等把东西隐藏起来，让对方去猜，即所谓的猜谜，大多也是分两组进行。以下元稹(779—831)的诗《指巡胡》中所提到的“指巡胡”就是唐代新酒令中有代表性的道具。

遣闷多凭酒，公心只仰胡。
挺身唯直指，无意独欺愚。

这里“指巡胡”的道具，其别称是“酒胡子”或“捕醉仙”，虽然现今没有留存，但根据诗来判断可见其如人形，一手举起，状似不倒翁，置之盘中，转动后倒下的人形手所指向的一方要饮酒。这种游戏非常单纯，正如元稹诗中所写，具有令人无法推断的意外的一面，唐代后期广泛流行。

律令

接下来，以近年在江南出土的唐代的“论语玉烛”酒筹筒为例介绍一下律令。此筹筒是用来装盛酒令筹的专门器物。该器呈龟驮圆筒状，筒内置鎏金酒令银筹 50 根（中间手拿的地方细，而文字部分是镀金的高级品，参照图 5)，各自按顺序抽筹。50 根酒令筹上写着由谁饮酒的指示，酒令词均选自《论语》，与原词句的内容牵强附会，如下所示：

与朋自远方来，不亦乐乎。上客五分

乘肥马，衣轻裘。衣服鲜好罚十分

择其善者而从之。大器四十分

死生有命，富贵在天。自饮十分

刑罚不中，则民无所措手足。觥录事五分

己所不欲，勿施于人。放

图 5 “论语玉烛”酒筹（镇江博物馆藏《古代扬子江至宝——中国历史文化都市镇江文物展》，津市教育委员会，1994 年）

最初一句是众所周知的《论语》的《学而》篇开头一句，不过这里不是“有朋自远方来”，而是将“有”改成了“与”。这并非是书写有误，可能是读成“与远方来的朋友，不亦乐乎”，让远来的“上客”喝“五分”（半杯）酒的意思。“五分”、“十分”是指酒杯容量的比例，“四十分”是满满四杯的意思。因此最初抽到筹时，不是抽到的人饮酒，而是酒席中坐在“上客”的人喝半杯酒。按律录

图 6 “论语玉烛”酒筹筒（镇江博物馆藏《古代扬子江至宝——中国历史文化都市镇江文物展》，津市教育委员会，1994 年）

事的判断，牵强附会地将诗中所表达的人物指为“上客”喝酒，由此可以为酒席增添欢快热闹的气氛。第二句是《雍也》篇中的诗句，“乘肥马，衣轻裘”，这句话是罚在座宾客中服饰最艳丽的人饮酒。究竟什么样的服饰算是“艳丽”，那就要凭律录事的裁断能力了。第三句是出自《述而》篇中的诗句，意指取人之长，看别人的长处自己学而取之。但是，这句由后面的句子决定谁来喝酒，即“大器四十分”，“大器”是指海量的人，意思就是海量的人饮酒四杯。第四句是《颜渊》篇的一句，“死生有命，富贵在天”，意思是寿命和富贵是生来具有的，在于命运。因此，抽到的筹也是命运，自饮一杯。第五句，是指示对主持酒席的录事罚酒，句子出自《子路》篇，“刑罚不中，则民无所措手足”，意思是说，若是刑罚不公，则人民手足无措不能安心。这是对主持酒宴的录事罚酒的最佳句子。最后的“己所不欲，勿施于人”是出自《颜渊》篇和《卫灵公》篇的一句，意思是说，自己不想做的事情不要强加于别人。无论谁都是讨厌被罚酒的吧，所以是“放”（就此放掉，都不喝）。通过这种筹令，为宴饮增添欢快气氛和雅兴。

模仿这种做法使用唐诗名句的有“唐诗酒筹”。自宋代以后开始使用，其中的一例是“玉颜不及寒鸦色，面黑者饮”，是取自王昌龄（698—751？）的《长信秋词》的“玉颜不及寒鸦色，犹带昭阳日影来”这两句话的前半句，意指令脸黑的人饮酒。与“论语酒筹”同样，尽量改变原词句的意思来使用，趣味盎然，为酒宴助兴。

除了上述使用道具的律令之外，还有不用道具、按一定的规矩、由相互间的知识竞高低的律令。例如，“姓名繁简令”。这是从古人的名字中，举出笔画简单和笔画繁多的名字，如笔画简单的有“卜式”（前汉武帝时朝中的宦官），“江子一”（梁朝的将军），“宇文士及”（隋末唐初的宦官），而笔画多的人名如，“栾黡（欒黶）”（春秋时期晋国的大夫），“萧鸾（蕭鸞）”（南齐的明帝），“韩（韓）麒麟”（北魏的宦官）等，笔画多达40画以上的人名。这种指定固有名词等具有某特征的酒令，还有很多其他种类。

著辞令

最后再看一下著辞令。这是按指定的格式即兴作诗词，并且大多给诗词配上乐曲演唱，因此，又叫作“歌令”。现从唐代作品中选与此有关的两例加以介绍。首先是刘禹锡(772—842)的《抛球乐词》(《刘禹锡集》卷二七)：

五彩绣团圆，登君玳瑁筵。
最宜红烛下，偏称落花前。
上客如先起，应须赠一船。

“抛球乐”是乐曲名，同时也是游戏名。就像曲中唱的一样，宴席上围坐成圆形，合着乐曲传五彩球，乐曲停止时就罚手拿绣球的人跳舞。此外，也有不用绣球，以花斗笠代替绣球的。若是不喜欢罚的游戏先离开的话，就像歌词写的一样，要罚一大杯(比喻为船)。刘禹锡的这一作品，内容可以说是描写抛绣球游戏的情景，但从“抛球乐词”这一题目来看，也可认为是合着抛绣球曲作的歌词，由此成了酒席上的即兴之作。下面举的一例是韩愈的《赠张徐州　莫辞酒》(《韩昌黎集》遗文)，可能是宴席上的即兴之作：

莫辞酒，
此会固难同。
请看工女机上帛，
半作军人旗上红。
莫辞酒，
谁为君王之爪牙。
春雷三月不作响，
战士岂得来还家。

张徐州，指的是任徐州（江苏省）节度使的张建封(735—800)，这首诗是韩愈在他家寄居时，在张举办的宴席上合着“莫辞酒”的曲调即兴作词，赠与张徐州的。

机敏的临机应答

如上所述，酒令中包含各种各样的游戏，而各种游戏都需要相应的知识，重要的是要机智灵敏，能临机应变，为酒宴增添欢快和兴致。甚至有时也可以低俗不雅，或者嘲笑奚落酒席上的人，只要不是故意诽谤的话，倒能为酒席助兴。现举北宋黄庭坚（1045—1105）的事例。他与刘挚（1030—1097）曾一起生活过一段时间，俭朴节约的刘每当吃饭时，总是说“来日吃蒸饼”，作为美食家的黄庭坚颇感乏味。一天，他们俩和几位友人一起聚食行令，采用的酒令是五字，从首至尾每一字，复合成一字。一个人说“戊丁成皿盛”（“戊”和“丁”拼合为“成”字，再加上“皿”为“盛”字），另一个人说“白玉珀石碧”，接下来又有一人说“里予野土墅”。黄庭坚说“禾女委鬼魏”，接下来刘考虑时，黄说：“我来代答吧。‘来力勑正整’如何？”（“勑”和“勅”均为“敕”的异体字）这就是说话带乡土音的刘说的“来日吃蒸饼”的发音，顿时逗得在座宾客大笑。对刘挚来说也许多少感到有些尴尬和难为情，但酒令中机智巧妙，甚至包括这种多少带有奚落嘲笑在内的应答，引在场宾客发笑，为酒场增添了欢快热闹的气氛。

二、妓女的日常状况

花街柳巷的概貌

因妓女所属不同，妓女的身份和特性也有所不同。在此，以都市部的花街柳巷为舞台背景，来大体看一下妓女们的日常生活状况。花街柳巷一般又称为“烟花柳巷”。最初始于汉代的长安，都市部的花街柳巷大多是从来往行人多的大路向狭窄的斜胡同延伸发展起来的。汉代有题为“长安有狭斜路”的歌谣，其中唱道，“狭窄的胡同里贵人的车贴身而过”（原诗从略）。此外，在第六章引用的晚唐时期温庭筠（812—872？）的《偶游》一诗中，虽然描写的是江南的情景，但同样从水路向斜道延伸的小巷里建有许多妓院。

好像各个时代都有代表性的花街柳巷。首先通过孙棨的《北里志》等资料，来看一下唐朝长安北里的情形。北里位于长安城中部偏东，东邻东市的平康坊（参照图 7），北边就是一条从春明门通向金光门的东西大道，离皇城也很近，是极佳的场所。北里位于平康坊中心大街的东北部，这里是著名的花街柳巷。其规模尚不清楚，但是沿着东西延伸的胡同，从北面进入后依次是前曲（北曲）、中曲、南曲三条街巷，其中都布满了妓院。前曲也许是从北门来看位于最前面的位置，由此而得名的吧，这里大多是北里低档次的小型妓家，而大型妓院则集中在中曲和南曲。此外，中曲也住着很多乐师，若是妓女被邀赴宴的

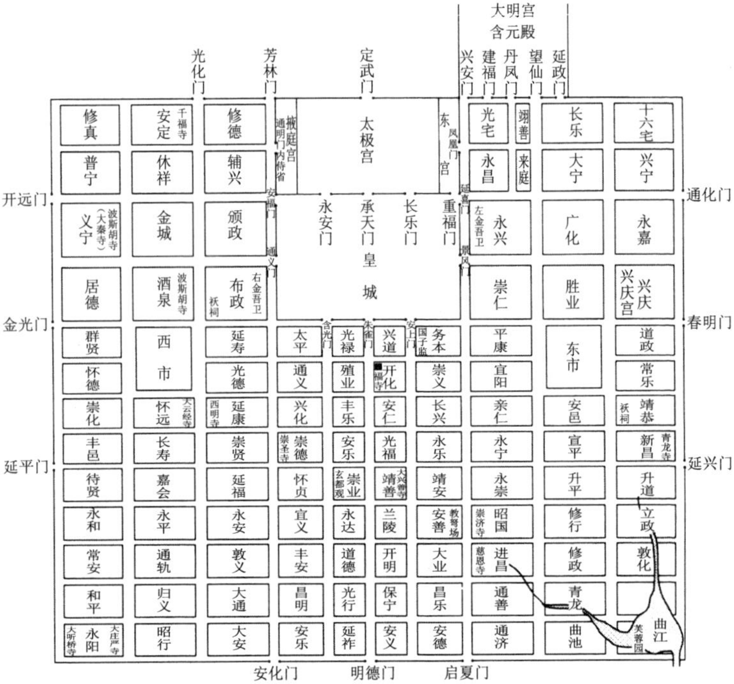
大明宫
含元殿
光化门
芳林门
定武门
兴安门
建福门
丹凤门
望仙门
延政门
修真
安定
千福寺
修德
掖庭宫
通明门
内侍省
太极宫
东
凤凰门
宫
光宅
翊善
长乐
十六宅
普宁
休祥
辅兴
永昌
来庭
大宁
兴宁
开远门
通化门
义宁
波斯胡寺
（大秦寺）
金城
颁政
安福门
永安门
承天门
长乐门
重福门
延喜门
左金吾卫
永兴
广化
永嘉
皇
城
通义门
景风门
居德
酒泉
波斯胡寺
布政
右金吾卫
祆祠
崇仁
胜业
兴庆宫
兴庆
金光门
春明门
含光门
朱雀门
安上门
群贤
西
市
延寿
太平
光禄
兴道
国子监
务本
平康
东
市
道政
怀德
光德
通义
殖业
福寺
开化
崇义
宣阳
常乐
崇化
怀远
大云经寺
西明寺
延康
兴化
丰乐
安仁
长兴
亲仁
安邑
祆祠
靖恭
丰邑
长寿
崇贤
崇圣寺
崇德
安乐
光福
永乐
永宁
宣平
新昌
青龙寺
延平门
延兴门
待贤
嘉会
延福
怀贞
玄都观
崇业
靖善
大兴善寺
靖安
永崇
升平
升道
永和
永平
永安
宜义
永达
兰陵
安善
教弩场
崇济寺
昭国
修行
立政
常安
通轨
敦义
丰安
道德
开明
大业
慈恩寺
进昌
修政
敦化
和平
归义
大通
昌明
光行
保宁
昌乐
通善
青龙
大听桥寺
永阳
大庄严寺
昭行
大安
安乐
延祚
安义
安德
通济
曲池
芙蓉园
曲江
安化门
明德门
启夏门

图7　唐长安城略图

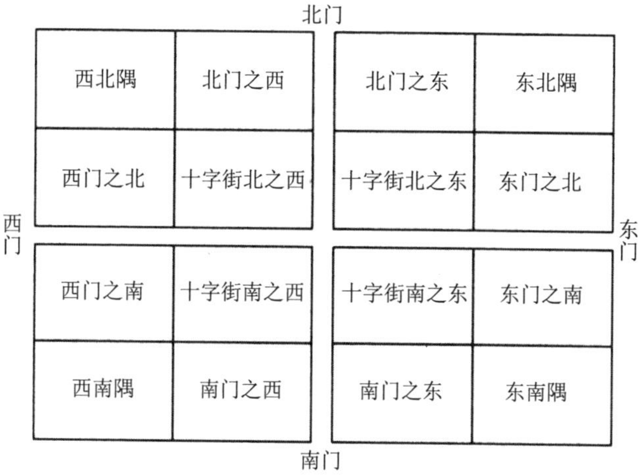

图 8　长安城坊的构成

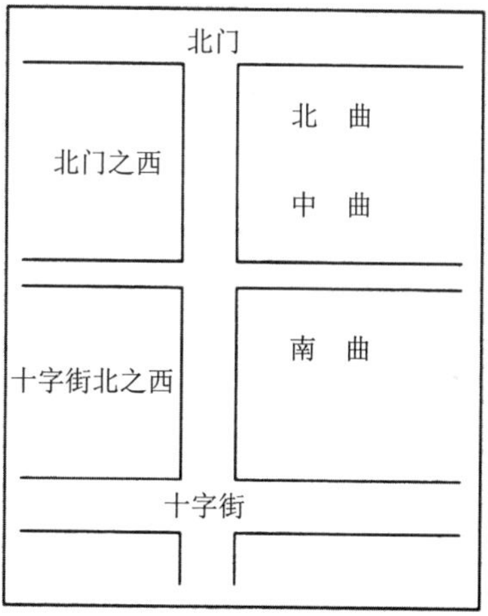

图 9　北里“三曲”的位置

话，乐师马上紧随赴宴。高级妓院一般宽敞舒适，如《北里志》中有关妓家情形的描述："二曲中居者，皆堂宇宽静，各有三数厅事，前后植花卉，或有怪石盆池。左右对设，小堂垂帘、茵褥帷幌之类称是。诸妓皆私有所指占。厅事皆彩版以记诸帝后忌日。"

掌管妓院的一般称"鸨母"（养母的意思，即所谓的"老鸨"）。也有的是与鸨母结伙的男的负责妓院对外管理。即便并非如此，鸨母们一般也都有靠山，有有权势的人，特别是节度使等掌管武力的人作为自己的后盾。一家妓院里大概有数名妓女，最多大概十几名，每个妓女都有艺名，统一按鸨母的姓。不过，妓女之间也超越妓院限制，有一定的联系交往。各个团体组织实行统一管理，配有主管人（称为"都知"），负责协调分配，避免出现妓女招不到客人闲呆的状况。虽说如此，对妓女的管制还是十分严格，除了每月逢八之日需要去平康坊内的保唐寺听尼姑讲解（简明易懂地讲解佛教教义）之外，不准擅自离开北里。并且，妓女在得到许可离开时，必须交给鸨母 1000 文作为休班费用。也有随同客人被带出北里的情况，这只是出于经营需要，并不能视为是妓女的自由。此外，北里有许多妓女处在教坊的管辖之下，每月有义务轮流参加几次官府举办的宴席（称为“官使”）。特别是在长安城东南部的曲江池畔，皇上为考中进士的人设宴款待时，动员大量妓女参加。尽管妓女中也有的是鸨母的亲女儿，但绝大多数是从近郊农村买来的。有专门负责介绍妓女这一职业的人，其中也有不少是欺骗良家女子将其变卖到妓楼来的。《北里志》中，孙棨熟悉的名叫王福娘的妓女即是此例，并且在《卖油郎》（参照第五章）等后世小说中也可见类似的情况。有关妓女未来的命运，其中也有不少被赎身或是嫁人脱离妓院的幸运儿，但是，也有幸运儿之后由于依靠的人死去，被赶出家门等，重新又沦落为妓女的。妓女中也有的成了鸨母，拥有年轻的妓女，但这只是极其幸运的宠儿吧。虽然无法掌握详细数字，但可以想象有相当多的妓女最终因年老色衰、穷困潦倒而悲惨地死去。至于营妓和官妓的情况，由于军营和官府负责具体管理，所以也有的军部或者州府长官将自己喜爱的妓女纳为妾带出妓院。此外，不同时代也采取不同的方式，对于老妓女或者满一定期限的妓女，可以请官府协助为其成婚。这种负责安置年老病弱妓女的制度，随着时代的进步不断地得到充实。

到妓院嫖宿的常客大多是赴京赶考的举子，以及在朝廷供职的下层官吏。高官的家里一般有家妓，所以妓院主要还是年轻官吏游乐的场所。中科举的人除了参加官府举办的庆贺酒宴外，也在妓院举办私人宴席，参加科举的考生也来捧场庆贺，从考试之前开始频繁地出入妓院，正如第五章将要介绍的小说《李娃传》的主人公一样，也有的完全荒废了学业，沉溺于寻欢作乐中，最终钱财耗尽走向堕落。很多下层官吏在结束公务后或在休息日，与好友结伴一起下妓院嫖妓寻乐。在白居易的《在江南喜逢萧九彻，因话长安旧游，戏赠五十韵》诗（《才调集》卷一）中，回想起自身青年时代与友人萧九彻一起去长安花街柳巷的往事，该诗中甚至描写了在房间留宿的情景，也是表现当时游乐情景的贵重资料。妓院的嫖客也有些是商人，对于经济上不富裕的普通百姓来说，妓院可谓是可望而不可即的地方吧。

妓女的报酬因玩乐方式不同而有所不同。孙棨当时（880 年前后约 10 年间）出入的地方，“常价”（基本费用）大概为 300 文到 400 文。300 文听起来便宜，但当时的米价 1 斗大概是 40 文，所以比较起来算不上便宜吧。并且，这仅仅是与妓女一起饮酒的费用，若是加上山珍海味的饭菜、请乐师伴奏或者嫖宿的话，当然就需要更高额的费用。豪华奢侈的玩乐无止境，《北里志》中也记载如下嫖客的话：有名气的妓女，仅仅是叫到宴席作陪就花掉金子百两（当时 1 两约 37.3 克）。为喜爱的妓女赎身，至少需要金子二三百两。对于点唤在教坊等官府注册的妓女或为其赎身，还必须得到官府的许可，由此需要更多的费用。在此附带提一下，从《北里志》中有关张住住的记述可知，初次见到住住的商人陈小凤作为谢礼付给初次接客的住住 3000 文。初次接客是过去妓院安排处女娼妓接客的常见习俗，可以说这也许是最早的资料记载吧。令人不解的是，张住住在约定好接客的前一日，已经与青梅竹马的男友同房，接客的当天用鸡冠的血袋蒙混欺骗。由此可知，初次接客不仅成为妓女接客的一种买卖方式，并且行骗手腕也已经相当成熟和高明。

花街柳巷是寻欢作乐的地方，同时也伴有一定的危险。在《北里志》的后序中，记载了孙棨当时听到的两个故事。一个说的是负责都城警备的金吾卫长官王式年轻时的事情，当时他常常出入北里的妓院，一次夜间嫖宿时，一醉客走错房间闯了进来，王式为躲避醉客藏到了床下，刚藏身后，就有手持刀剑的人破门而入，误以为醉客就是王式，砍下其头，“来日更呵殿入朝耶？”说罢扬长而去。王式因床下藏身得以逃脱厄运，从此再也没有去北里。另一个事例讲的是令狐滈的事情，令狐滈是曾任过宰相的令狐绹（801？—878）之子，在应考科举时常常进出北里的妓院。一次，长期嫖宿的一家妓院的鸨母说因筹办亲戚聚会停业一天，令狐滈就搬到了邻近妓院暂住，从那儿朝原留宿的妓院观望时，看到鸨母和妓女们一起将一嫖客杀死并将其埋到了后院里。翌日，令狐滈又回原妓院留宿，夜间向妓女问起头天窥见之事，妓女大惊失色，卡住其喉咙，呼叫鸨母一起杀人灭口，但鸨母赶到后阻止了妓女。第二天早上，令狐滈报案后巡捕赶到妓馆时，妓楼的人已经逃得无影无踪。从上述两事例可知，即使是长安最繁华的花街柳巷北里，也是骚乱不安的地方。另外，据《唐摭言》记载，与韩愈和白居易等也有亲密交往，后来成为宰相的裴度（765—839），年轻时去妓院寻欢，由于十几名粗暴的皇宫卫兵找碴儿纠缠而险遭厄运。即使到了近代，热闹的场所同时又伴随着各种危险，可以说无论哪个时代都是如此吧。

明代的旧院

前面通过《北里志》等介绍了唐末北里的情况，下面，根据以记述花街柳巷而著称的余怀（1616—？）写的《板桥杂记》，来看一下明末南京旧院的情况。

南京自三国时代吴国在此建都（当时的名称为“建康”）以来，作为江南的主要都市迅速发展，花街柳巷也自很早就繁荣兴盛。《子夜歌》（参照第四章）等是东晋时主要在南京花街柳巷流行的歌谣；而通过著名诗人杜牧（803—852）的《宿秦淮》诗可知，到了唐代沿城内的秦淮河也聚集了很多妓院。明代的旧院，在秦淮河沿岸十分隆盛，其情景与北里等有极大不同的是，江南一带江河及运河发达，人们走动主要靠行船，因而妓院必然面朝河开，这也许是它最大的特点吧。此外，载着妓女以及奏乐人游玩的画舫（装饰的游览船）也是江南花街柳巷的独特风情。

旧院位于南京的科举考场、江南贡院（现存）附近的秦淮河岸。与唐代相同，常来妓院的嫖客主要是应考生以及考中科举的人。江南贡院是举办乡试（当时科举第二阶段的考试）的考场，乡试三年举行一次，也就是每逢子、卯、午、酉的年份，江南一带的考生都聚集到此参加考试。

据岩城秀夫氏的解释，明朝初期在此地设有名曰“富乐院”的妓院，旧院的名称则是由此而来的，明代后期按过去留下来的“富乐院”的意思，将这一带称为“旧院”。《板桥杂记》中，对旧院及其旧院中玩乐的情景有如下描述：

> 旧院，人称曲中，前门对武定桥，后门在钞库街。妓家鳞次，比屋而居，屋宇精洁，花木萧疏，迥非尘境。到门则铜环半启，珠箔低垂；升阶则狗儿吠客，鹦哥唤茶；登堂则假母肃迎，分宾抗礼；进轩则丫环毕妆，捧艳而出；坐久则水陆备至，丝肉竞陈。
>
> 旧院与贡院约遥对，仅隔一河，原为才子佳人而设。逢秋风桂子之年，四方应试者毕集，结驷连骑，选色征歌，转车子（魏朝名妓）之喉，按阳阿（古代名妓）之舞，院本之笙歌合奏，迥舟之一水皆香。或邀旬日之欢，或订百年之约。蒲桃架下，戏掷金钱；芍药栏边，闲抛玉马，此平康之盛事，乃文战之外篇。

正如“平康（相当于唐代长安平康坊的北里）全盛时期的再现”一样，妓馆的描述以及玩乐等与唐代的没有太大的变化。不过，唐代也有很多养鹦鹉的。除此之外，出现了对玩赏狗的描述，可以说这是时代之变化的反映吧。并且，妓女的技艺方面增加了戏剧，这也是妓女技艺方面随时代变化而发生的变化。

清末的上海

最后简单地介绍一下清朝末期上海妓馆的状况。如第一章介绍的，当时的上海有“长三”、“幺二”、“花烟间”、“野鸡”等档次高低不同的妓女。在此，主要介绍一下当时在妓院流行蔓延的恶习，亦即吸食鸦片、赌博和花柳病。

众所周知，鸦片给清末社会带来极大的危害，而妓院就是助长鸦片流行的场所之一。在妓院，即使在低级妓女家里也备有鸦片，她们用此来招待经济赞助人以及常来的嫖客。而妓女中也有不少吸毒成瘾的。此外，一部分妓院以及繁华街区，有可以吸鸦片的烟馆，那里摆着吸鸦片用的床，男服务员手拿烟管等烟具以及茶和湿毛巾等用具(参照图 10)。并且，这种“烟馆”，除了常客以外，还靠低级妓女以及当差出出进进拉客。“花烟间”原来是指在“烟馆”侍候客人的妓女。

图 10　清朝末期上海烟馆

下面来介绍一下赌博。清朝末期，上海受欧洲列强的影响，盛行赛马、赛狗等英国式的赌博，妓院里最流行的就是麻将赌博。去“长三”、“幺二”那里的嫖客，在妓女房间设宴招待好友，与妓女增进交往，同样，设麻将场也能讨妓女欢心。办酒宴时，赴宴的宾客唤来自己熟悉的妓女陪伴，通常是猜拳饮酒；打麻将时，通常也是先叫来妓女陪酒，然后再开场。除了麻将以外，也用扑克牌、卡片等进行各种各样的赌博。据说，也有在妓院中召集客人开设赌场的。

最后，介绍一下花柳病。花柳病是自古以来就有的性病，但是具有代表性的严重的梅毒，好像是明代后期（16世纪）来中国作交易的欧洲人带入的。开始在广东一带流行，后来扩大到全国各地。据说在清末上海的妓院里，有很多妓女患有梅毒以及其他严重的性病，小说《海上花列传》（参照第五章）中，记述了老资本家强占良家女子，致使女子染上梅毒。另外，有一项调查表明，1950年，北京1300多名妓女进行了健康检查，其中性病发病率达95%以上。（参见文史精华编辑部《近代中国娼妓史料》所收的吴雨等编《民国时代的娼妓》。）

如上所述，妓院流行蔓延的性病等，常常使妓女陷入更加悲惨的境地。以1919年的五四运动为契机，全国展开了废娼运动，彻底铲除这些恶习也是其目的之一。中华人民共和国成立后，1958年更加深入地开展了废娼运动，基本上清除了这些恶习。

第三章　名妓与文人

一、文人

“文人”这一词语，在日本也广泛地应用，如有“文人趣味”、“文人墨客”等说法。不过，“文人趣味”这一说法在日语中是典型的复合词，“文人”这一词语的概念好像在中日两国多少有些不同。中国所说的“文人”，指的是具有儒家理念的官僚，或者是其个人生活样式类似于并有可能成为官僚的士大夫（有教养的阶层）。关于中国的“文人”的定义，在日本有一些研究，首先看一下青木正儿氏在《琴棋书画》（荒井健编《中华文人的生活》）中有关“文人”的定义：

“文人”这一词语，早在《诗经》、《书经》等先秦的经书中就有记载，不过那是指“文德兼备的始祖”，到了后汉开始用作专指“文笔出色”。而精于文笔的“文人”的生活样式，不仅主要包括起草公文、编撰历史书的“官僚”，还包括不在官府做事但担任有权势人物秘书的“幕宾”，或者是收费为人题写碑文等“卖文”的、参加私人酒宴互相作诗等“交游”的，以及弃官自由“隐逸”的人。魏晋南北朝时期文人大概有这5种类型。

茂木信之氏在《文人和隐逸》（荒井健编《中华文人生活》）中，对“文人”的定义较青木氏的定义有进一步的发展，他在文中对此作了更为细致的分类，即汉代以前为“宫廷倡优文人”，南北朝时期为“皇家贵族文人”，唐朝为过渡时期，宋代以后为“官僚文人”。其中，“宫廷倡优文人”疏远了士大夫应尽的经世济民之本分，为皇帝以及有权势者撰文，仅仅偏重于“文”；而“皇家贵族文人”追求高官地位，将经世济民视为平庸低俗之事，他们集中于文学沙龙的竞争创作和自身追求，偏重于“文”。茂木信之氏认为，自唐代后半期开始到北宋以后的“官僚文人”将作为公职的官僚生活和个人私生活区别开来，作为官僚，他们尽职尽责致力于经世济民，同时他们在私生活方面精通琴棋书画，情趣丰富，常与友人聚会作诗交流，这才可称得上真正的文人。

荒井健氏在《中华文人的生活》的序文中也提到，所谓“文人”，可以定义为具有经世济民的儒家思想和使命、精通诗文、过着雅士生活样式的人。正如茂木所说，从生活样式来看，自唐代后半期开始就具有明确的公私区别，所以，我们可以认为，名副其实的文人雅士开始在这一时期登场。

在私生活方面，文人交往的重要对象是才艺出众的妓女。她们善于歌舞、演奏，并且健谈，会作诗，为文人的玩乐增添雅兴，也有一些作为恋爱对象留下了芳名。总体上来看，妓女的交往对象是社会各阶层的人，但是流传最多的是与文人雅士的交往，即大多著名妓女都是与文人交流的。下面介绍几位名妓以及与名妓交往的文人名士。

二、历代的名妓

在中国历史上，最初被载入历史的名妓是谁呢？对此是存有争议的吧，若是从与名人交往的关系来看，首先可以说应该是晋朝石崇的家妓绿珠吧。

绿珠和石崇

石崇是当时有名的富豪，南朝宋代刘义庆的《世说新语》汇集了魏晋时期名士的逸闻趣事，其中也记载了石崇大肆挥霍、炫耀财富的事例。例如，石崇与王恺斗富，以奢侈著称的王恺用晾干的米饭擦锅，石崇则用昂贵的蜡烛代薪烧饭；王“作紫丝布步障碧绫里四十里”，石则“作锦步障五十里”。另外，石崇家中甚至连卫生间也有十多个盛装打扮的婢女伺候，备香料及香水，如厕的人出来都要换上新衣。(以上出自《世说新语》的《汰侈》篇)

石崇在京城洛阳城郊的河阳县耗巨资建了一所名曰金谷园的巨大庄园，园中豪华建筑鳞次，美妾如云，他过着花天酒地的生活。在众多家妓中，石崇最宠爱的是绿珠。她是梁氏的女儿，绿珠是其字，老家在现广西壮族自治区博白县，因美貌扬名，石崇是在出使南方交趾时把她买下来的。绿珠是吹笛名手，且舞姿优美，合着石崇作的《王明君辞》(以汉朝王昭君的故事为题材而作）的歌曲翩翩起舞，在众多姬妾中独得专宠。

当时，正处于后世所说的“八王之乱”中，王侯之间激烈争夺王位。石崇和外甥欧阳建，与一时掌握大权的赵

图 11　绿珠（选自《无双谱》）

王司马伦不和。此时，赵王的心腹孙秀，久闻绿珠才貌，到石崇家做客时，希望石崇把绿珠献出来呈送给皇上。最初石崇选了家中十多名妓女排成一队，说“请随意挑选”，但当得知对方要绿珠时，他断然拒绝。孙秀怀恨而去，向赵王进言要给石崇和欧阳建定死罪，石崇等也采取了对策，但最终被孙秀先下手捉拿。在孙秀的士兵赶到金谷园时，石崇正举办酒宴，面对绿珠他叹息道：“我因你获罪，奈何？”绿珠流泪道：“妾当效死君前。”说罢纵身从楼上跳下，为石崇自尽殉死。后来唐代诗人杜牧在《题桃花夫人庙》的诗中写道：“可怜金谷堕楼人。”此后的文学作品中也常常提到为主人殉死的绿珠的故事，宋代历史学家乐史（930—1007）将她的故事写成了小说《绿珠传》。

晋代除绿珠之外，也有不少与名士交往留有记载的妓女。当时的贵族府邸有许多妓女，社会上妓院生意也极其繁盛，编成故事或者出现在诗歌中的妓女也不胜枚举。在此，从中选一首东晋时期王献之与爱妾桃叶的诗歌作一介绍。

王献之是著名书法家王羲之（321—379）的儿子，也擅长书法，后世并称“二王”。歌颂爱妾桃叶的《桃叶歌》当时受到高度评价，其诗歌富有魅力，即使到了后世也持久不衰。现举《玉台新咏》卷十中的一首以及桃叶与此对答的《团扇歌》为例。

桃叶复桃叶，渡江不用楫。
但渡无所苦，我自迎接汝。

——《情人桃叶歌》之一

七宝画团扇，灿烂明月光。
与郎却暄暑，相忆莫相忘。

——《答王团扇歌》之一

除此之外，以妓女为主人公的诗歌还有人们熟知的《情人碧玉歌》（这是写晋朝汝南王之爱妾碧玉的诗歌）以及歌颂南齐钱塘名妓苏小小的《苏小小歌》等。另外，有关名士与妓女交往的故事有“东山高卧”的成语，说的是东晋谢安（320—385）年轻时的逸事。谢安后来成为东晋王朝的显赫人物，夺取了中国北部的前秦，苻坚大军攻占东晋，谢安率兵奋力迎战，击败了苻坚大军，为东晋立下辉煌功绩。但是，谢安年轻时曾一度隐居会稽（现绍兴市）

东山，不愿出去做官。那时，他去东山游玩必定携妓女同行，于是，谢安与“东山高卧”这一成语，就成为后世人们传说的话柄。

薛涛和元白

如前所述，中国到了唐代后半期，开始出现与“文人”一词相适应的文人雅士，号称“元白”的元稹、白居易等可以说是这类文人的先驱代表，这是日本人比较熟悉的。同一时期，在蜀地（现四川省）活跃着一位女诗人，那就是著名的妓女薛涛。

薛涛是营妓，属于成都剑南西川节度使的幕府。她本出身书香门第，她的父亲偕家属到蜀赴任，但后来父亲客死他乡。因父亲过早去世，薛涛与母亲也就流落蜀中。薛涛的详细情况尚不清楚，大概是成人（15岁）后沦为乐伎。但因其擅长诗文，节度使韦皋（746—806）得知后将其招进幕府，其作诗的才能深得赏识。此后她便服侍历任节度使。因薛涛颇有素养文才，据说韦皋曾想授她校书郎（公子精英的职位）的官衔，负责校对和整理文书（最终未能实现）。所以，有时也称她为“薛校书”。据此，后来“女

图 12　妓女薛涛石刻像

校书”也成了妓女的别称。据说她写的诗大约有500首，而现存的只有赠答、咏物、叙景等80余首。这里，从中选2首欣赏。

> 春教风景驻仙霞，水面鱼身总带花。
> 人世不思灵卉异，竟将红缬染轻纱。
>
> ——《全唐诗》卷八〇三《海棠溪》

这首诗，描述了耸立在成都西北部的青城山中的海棠溪。青城山是道教圣地之一，山中有许多景胜，海棠溪也是其中之一。海棠原来被誉为蜀地的名花。此外，绞缬染法也被用于成都特产的锦织物品。如同灵山的“仙霞”，美丽盛开的海棠，与用其技术获取功利的人相比，令人感到神妙。诗句轻松，构思绝妙。

> 峨眉山下水如油，怜我心同不系舟。
> 何日片帆离锦浦，棹声齐唱发中流。
>
> ——《全唐诗》卷八〇三《乡思》

如同该诗的题名，这是一首作者抒发怀恋故乡之情的作品。峨眉山位于成都西南，也是李白的《峨眉山月歌》中提到的名山。山脚下流淌的岷江通往长江，越过三峡到中部平原，就能逆汉水而上流向故乡长安。身为妓女失去自由的悲伤和对故乡魂牵梦绕的思恋，加深了她内心深处的哀叹。前面的诗也同样。她的诗歌从整体上看，具有抑制情感、表达含蓄、富有理智的特点。这也是受到一流诗人喜爱赏识的理由吧。

薛涛不仅是成都幕府一般的营妓，且因诗才而著名。薛涛和当时一流的诗人都有唱酬交往。其中有著名诗人白居易、元稹、刘禹锡、张籍（766？—829？）、王建（766？—830？）等20余人。由此看来，她也可以说是唐代名副其实的女诗人。下面一例是元稹为她作的赠答诗。

锦江滑腻蛾眉秀，幻出文君与薛涛。
言语巧偷鹦鹉舌，文章分得凤凰毛。
纷纷辞客多停笔，个个公卿欲梦刀。
别后相思隔烟水，菖蒲花发五云高。

——《全唐诗》卷四二三《寄托思慕赠薛涛》

从内容来看，这首诗是赠送被誉为诗才的薛涛之佳作。但是，一般认为，实际上元稹并没有见过薛涛，所以这首诗也被视为后世伪造之作。在薛涛的诗集中，也留有赠元稹的诗，但是从原文看也同样存在问题。可见，她可能与元稹有过交流，但并没有亲密的交往，假定她与才子元稹的赠答诗是伪造的，但从其得以留存下来来看，世人对薛涛的评价非同一般。前面列举的薛涛的作品都是七言绝句，她尤其擅长绝句等短诗形式。因成都产的诗笺很大，薛涛自己设计了一种专用于写诗的深红色小彩笺，人称“薛涛笺”。这一点也体现了风流女诗人的浪漫柔情之特点。

鱼玄机和温庭筠

唐代分为初唐、盛唐、中唐、晚唐 4 个时期，继中唐时期的诗人薛涛之后，晚唐也出现了一位著名的女诗人，也是名妓，那就是鱼玄机。在日本，鱼玄机也因成为森鸥外小说中的主人公而广为人知。

鱼玄机，祖籍长安，详细情况尚不清楚。据说也是出身于娼妓之家。其生平没有详细记载，最初嫁给官宦李亿为妾，后被抛弃，之后出家到长安咸宜观当了女道士，但实际上好像依然过着娼妓的生活。鱼玄机因怀疑新恋人与侍女绿翘有勾搭，妒火中烧将绿翘鞭打致死，因此被判了死罪。其传记资料散见于富有小说色彩的《三水小牍》（唐朝皇甫枚著）等书，因此有许多是不可靠的。也有些研究者对鱼玄机的大多传说抱有疑问。鱼玄机命运多舛、富有戏剧性的一生充满魅力，正因如此，森鸥外才撰写了题为《鱼玄机》的小说。

鱼玄机的诗与薛涛及其他女诗人的不同，有许多是直接抒发恋爱激情的，具有独特的写作特点。薛涛的诗细腻委婉、描写含蓄，选题方法及其表现等都比较正统。其中，有的作品令人感到颇有“校书”的素养。正如男诗人评价赞誉的那样，她的作品为官宦社会所肯定，作为女诗人的个性尚不突出。但是，鱼玄机的一部分作品，是男诗人无论如何也难以仿照的，新颖并颇具表现激情，犹如其激荡的人生。当时被视为异端的描写风格，正是她鲜明个性的表露。

秦楼几夜惬心期，不料仙郎有别离。
睡觉莫言云去处，残灯一盏野蛾飞。

——《全唐诗》卷八〇四《送别》

图 13　鱼玄机（选自《唐女郎鱼玄机诗》）

这是一首描述与恋人分别的诗，不清楚诗中所指的对方是不是李亿。萧史和弄玉、巫山神女（梦中与楚王同床共枕，临别神女说："旦为朝云，暮为行雨。"）的典故常常出现在恋爱诗中，在此，她也巧妙地运用此典故表达了现实的爱及失去爱情的失落和感伤。最富特点的是结句用"蛾"作比喻，强烈地表达受情爱之火煎熬的心境，给人以强烈的印象。"野蛾"这种不习惯使用的词语的运用，也强化了抒发情感的效果。这首诗，尽管具有某种超越"常识"的"野"性，但是通过激烈、鲜明的描写，恰如其分地体现了她独特的情感世界。

临风兴叹落花频，芳意潜消又一春。
应为价高人不问，却缘香甚蝶难亲。
红英只称生宫里，翠叶那堪染路尘。
及至移根上林苑，王孙方恨买无因。

——《全唐诗》卷八〇四《卖残牡丹诗》

这首诗将身为妓女的自己比作牡丹，虽说与《送别》一诗相比这是一首文雅温和的诗作，但又令人感到鱼玄机有着一种特有的倔强不屈的性格。而最后不甘于服输的结句，又带有诙谐幽默，而不是一味地叹息。其构思巧妙、写法独特、寓意深刻。

鱼玄机，不像薛涛一样和许多当代一流诗人对诗唱和，但也与晚唐时期的代表诗人之一温庭筠（字飞卿）有过诗文交流，留有下面的诗文。

阶砌乱蛩鸣，庭柯烟露清。
月中邻乐响，楼上远山明。
珍簟凉风著，瑶琴寄恨生。
嵇君懒书札，底物慰秋情。

——《全唐诗》卷八〇四《送飞卿诗》

遗憾的是，温庭筠给鱼玄机的诗没有留下来。在第六章中可以看到，温庭筠将妓院当作诗歌创作场所之一，赢得妓女们的尊敬。鱼玄机也同样尊崇诗人温庭筠，希望通过交流提高自己的创作。如前所述，薛涛与当时一流诗人的交流是一般礼仪问候的交往，与此相比，鱼玄机与温庭筠之间的交流，表露了亲密的情感，诗文受到人们的喜爱。

李师师和徽宗、周邦彦

尽管不像唐代妓女薛涛和鱼玄机一样，以著名女作家而知名，但要说宋代的代表诗人，首先要数北宋的李师师了。她与精通诗文书画的文人皇帝徽宗的相爱故事流传于世，也有根据其经历编写的小说。可以说李师师是这一时期的名妓之一。但是，由于她是北宋京城汴京（现河南省开封市）一家私营妓院的民妓，有关她生平传记没有详细记载。在此，首先根据小说《李师师外传》（作者不详，一般认为是南宋时代的作品），作大致介绍。

根据《李师师外传》，李师师原是汴京染匠王寅的女儿，母亲刚生下她就死了，是父亲用豆浆代乳把她养大的。父亲带着襁褓中的师师去宝光寺时她咧嘴笑了，僧侣逗她说话时她又哭了，摸摸她的头时她就马上不哭了。父亲想或许是僧侣托生的吧，就用了通称僧的“师”，为女儿起名为“师师”。后来，父亲由于犯罪死于狱中，成为孤儿的师师由经营妓院的李姥姥收养。长大后色艺双绝，成为汴京妓院最走红的名妓。号称风流天子、喜欢微服出行的徽宗，从宦官那里得知师师的大名，装扮成商人赵乙私访，起初李师师不知实情对徽宗冷眼相待，但不久两人情意缠绵，她深得徽宗的宠爱。数次微服私访后，徽宗听从宦官提议，打通一条隧道，从宫中直通李师师所住的妓院。皇上赐给师师乐器、游玩用具、家具等大量珍贵物品，以及诸多金银财宝。后来与金国开战时，李师师慷慨解囊，将皇上赐给她的珍品集中起来全部上交国库以充实军备，自己也出家当了女道士。金军攻占汴京后，金国的将军为得到李师师，寻找其下落，由于叛徒出卖，李师师落入金国将军的手中。李师师大义凛然，痛骂叛国贼，然后拔下簪子刺破喉咙自杀绝命，以示对徽宗忠贞不渝。京城失陷后徽宗被俘至金国，听此悲讯后忍不住流泪。

从这篇《李师师外传》可见，师师不仅是名妓，又称得上是烈女，但这毕竟是小说，实际上根据当时的诗歌和记录等，汴京陷落后她逃到了江南，流落在杭州（成为当时的新都城）以及浙江一带。《李师师外传》所描写的悲壮的结局，是为了迎合小说世界的需求吧。在孟元老回顾北宋末汴京繁华景象编写的《东京梦华录》中，李师师也作为擅长“小唱”（像小唱一样的流行歌）的歌妓出现。由此来看，李师师是当时著名的妓女这一点是不容置疑的，得到徽宗的宠爱大概也是事实。在深受日本人喜爱的《水浒传》中（120 集本第 72 集），也记叙了李师师和徽宗的情爱故事。

此外，当时著名的词作家（有关词作品请参照第六章）周邦彦（？—1121）（其诗文深受徽宗赏识），也常去妓院，并且是李师师的熟客。南宋张端义的《贵耳集》中，有如下有关徽宗和周邦彦的逸闻。

徽宗去李师师家时，碰巧周邦彦先一步在那里了。周邦彦听说皇帝驾到，赶忙躲在床下回避。徽宗并不知晓，自己带来了进献的江南新鲜橙子，与李师师说说笑笑。此番被周邦彦听得一清二楚，周邦彦即兴把这段所见所闻写了一首词，叫做《少年游》（包括“纤细的手掰开新橙”一句）。后来李师师吟唱时，徽宗听到后问是谁作的，师师说是周邦彦，徽宗勃然大怒，命罢其官职并将其逐出京城。隔了一两天，徽宗又到李师师家，师师不在。坐等片刻，见师师回来，但她愁眉泪眼，憔悴不堪，询其原因，她回复说去为周邦彦送行了。徽宗便问有没有作词赠别，她吟诵了《兰陵王》的词。徽宗听后大为称赞说是好词，下了一道诏书把周邦彦召回，并委任他担任宫廷音乐所里的官职。（有关周邦彦和《兰陵王》的词将在第六章介绍。）

李师师是私营妓院的民妓，因能受到皇帝的宠爱，成为人们谈论的突出话题。只是遗憾的是，李师师与前面的薛涛和鱼玄机不同，她自己的诗词作品没有留传下来。

陈圆圆和吴三桂

商业经济发达的明代，以都市为中心的市民文化繁盛，妓女也积极地参与各种活动，尤其是明代末期出现了一些名妓，流传着一些妓女与文人和武将之间的绯闻逸事。其中，明代末期南京妓院区旧院的妓女李香君，与出身名门的文人侯方域（1618—1654）的爱情故事驰名远扬。清朝的孔尚任（1648—1718）通过戏曲《桃花扇》，将李香君与侯方域之间的爱情故事编成戏剧，使之广为流传，详细内容将在第五章中介绍，在此，介绍同时期另外两位名妓。

一位是色艺双绝的陈圆圆，她是一代名妓，甚至在很大程度上改变了国家命运。下面根据清朝陆次云的《圆圆传》、钮琇的《觚剩》中的《圆圆》等，来看一下其大致的生平经历。

陈圆圆原是苏州的妓女，据说在她出生时一只白野鸡落在房顶上鸣叫，这是吉祥的象征。明朝最后的皇帝毅宗

(崇祯帝，1628—1644 年在位）的周皇后之父周奎，在回苏州老家时，听说了被誉为“花明雪艳”的色艺绝世的陈圆圆后，花大钱为其赎了身，并打算将她送入皇宫做皇后的侍女。因为当时毅宗开始宠爱田妃，皇后受冷落。他本来以为献上陈圆圆做皇后的贴身侍女，可以引诱皇上重新回到皇后身边。但皇帝对圆圆不动心，因此将圆圆安排在后宫的计划未能如愿以偿，她便留在了周奎的公馆。

当时明王朝内忧外患，东北部清国逐渐强大，国内百姓流离失所，各地不断发生叛乱，各路将军接连败退。此时人们将挽回败局的期望寄托于吴三桂将军身上。为阻止清军入侵，吴三桂奉命率领明军主力出镇山海关。他在临出征之前访问周奎公馆，在饯别酒宴上遇见陈圆圆，对她一见倾心，便花了大量黄金从周奎那里将她买来纳为妾。因赴前线不能偕同，他就将圆圆托付到父亲吴襄处然后出征，但心中对她思念深切。在吴三桂与清军的对峙中，李自成农民起义军一气攻克北京城，崇祯十七年（1644）3 月 19 日，毅宗自杀。

就毅宗个人来看，他是位出色的皇帝，但因其前任两代都是愚昧昏君，毅宗未能阻止宫中根深蒂固的宦官恶势力及其部分官僚和军部势力的暴行，没能改变王朝的命运。在李自成攻克北京时，宫中宦官曹化淳等内部接应，尽管皇帝亲自敲响紧急警钟，竟无一禁卫赶来护驾。皇帝令后妃自绝后，仅有一名宫中亲信陪伴他登上宫殿后的煤山，在那里他自缢身亡。这应该说是反映了明朝末期宫廷混乱的代表性事件。

李自成的农民军进入北京城当初，较严守军规军纪，但不久便暴露出流民的恶习，到处掠夺，到宫中以及北京城内有权势的人家那里抢劫。当时，吴襄的宅第也遭抢劫，李自成的手下刘宗敏得知圆圆的美名后，从吴襄家掠走了圆圆。此时吴三桂正与清军交战，得知首都陷落但不能立即抽身，可是，当他得知父亲的宅第遭抢劫、圆圆被刘宗敏掠走后大为激怒，拒绝了李自成以父亲当人质的招降，一怒之下投降清兵，引清兵入关讨伐李自成。乌合之众的李自成，抵挡不住明清精锐联军，北京瞬即收复，吴三桂实现了意愿并救回了圆圆。另一方面，清军轻而易举地攻破山海关并以破竹之势侵入中国各地，拥护福王（1644—1645 年在位）的南京政府（在柳如是的部分详述）以及其他明王朝残存势力相继被击溃，仅数年之内就实现了统一。这也可以说是历史的必然，但也可以说是吴三桂的倒戈促进了明王朝的崩溃，这么说并非言过其实。明末清初代表诗人吴伟业（1609—1671）将这一历史的演变写成了长诗《圆圆曲》，其中表明吴三桂为了圆圆叛逆投敌，导致了国家灭亡。

鼎湖当日弃人间，破敌收京下玉关。
恸哭六军俱缟素，冲冠一怒为红颜。
红颜流落非吾恋，逆贼天亡自荒宴。
电扫黄巾定黑山，哭罢君亲再相见。
……
尝闻倾国与倾城，翻使周郎受重名。
妻子岂应关大计，英雄无奈是多情。
全家白骨成灰土，一代红妆照汗青。
……

根据诗作者吴伟业的解释，吴三桂投降清军是为了圆圆，而实际上，其中也包含政治意图及权力间的争斗吧。但从《圆圆曲》的解释来看，吴三桂是为了夺回自己心爱的女人降清。之后有关圆圆的记载也都沿袭了这一说法，为这一背叛增添了浪漫色彩。由此，圆圆给后世留下了强烈的印象。

吴三桂扫荡李自成的军队，救出圆圆之后，不久便奉清朝之命赴锦州（现属辽宁省）驻屯。他以协助清朝立下战功自居，并且持有精锐士兵，于是向清王朝要求重赏，甚至为部下求得了显要职位。顺治十八年（1661），他受命讨伐明朝王室残存的桂王，作为平西大将军他统率大军进入了云南。桂王被逼得走投无路，最终被缅甸人捉拿送交吴三桂。第二年，也就是康熙元年（1662），桂王被处死刑，明王朝的皇统由此断绝并告终。鉴于这一功绩，吴三桂被授命晋爵云南王并得到了领地。此时，吴三桂欲将圆圆立为正妃，但是圆圆托故拒绝，出家当了女道士。康熙十二年（1673），与吴三桂同样被封为广东王并获得领地的尚可喜，以年老为由提出奉还封地；吴三桂和福建的耿精忠也仿照尚可喜的做法，提出归还封地。两人都期望皇上能提出挽留。但是，圣祖（康熙皇帝）断然要他们返还王位，被逼迫至极的吴三桂等人在各地集聚反清势力，举旗造反（即所谓的“三藩之乱”）。当初也有义勇军响应，其势力一时扩大到整个长江以南。但是，最后因遭到清军的猛烈反攻而威势大挫。于是他急忙自封帝号，不久便患病死去。康熙二十年（1681），吴三桂的孙子吴世璠自杀，至此大乱平息。据说吴三桂死后，人们掘墓晾尸，对其遗体唾弃侮辱。圆圆最后的结局没有详细记载，但是，一种传说是圆圆得知城池陷落，在出家后寄居的华国寺旁的池塘投水自尽。之后，池塘里长出了美丽的荷花，馥郁芳香，因此被起名为“莲花池”。

柳如是和钱谦益

明清改朝换代时期，另有一位名妓柳如是（1618—1664），也是当时有名的才女。下面根据《绛云楼俊遇》（清朝，著者不详）等书的记载，介绍一下其生涯概略。

柳如是本是杨氏的女儿，名叫杨爱，后成为吴县（现苏州市）名妓徐佛家的养女。长大后姿容美丽、文雅博识，并有诗才，因此，颇受复社名士的好评和喜爱。复社里聚集了一些与宦官势力对抗的清代文人，柳如是也想选一位博学才子为伴侣，她听说家住常熟县（苏州附近）的钱谦益（1582—1664）是位有口皆碑的才子，便自备舟船前去拜会。钱谦益以牧斋号而知名，是明末清初的文人代表，他编撰有明代诗选集《列朝诗集》，著有为杜甫诗集注释的《杜工部集笺注》等，也被誉为一流的学者和评论家。他在万历三十八年（1610）考科举，成绩排榜第三，甚至曾一时被视为宰相候选人，但在明末激烈的党派争斗中曾几度受挫，总的来说政治仕途不佳，并且曾遭诬陷被投入北京监狱，后获释返乡。

此前，杨爱拜访别的文人时，由于名片上写着女人的名字曾被拒之门外，所以，此次她便女扮男装，名片上写了化名“柳是”。起初钱谦益以为是庸俗之辈想要拒绝，但看了附带的诗句中艳丽的笔调后顿生好奇之心，于是亲自到舟前迎接，当他看到眼前是位美丽的女子时大感惊讶。杨爱写的七言诗不仅合他口味，且兼有唐代虞世南和褚遂亮的文笔风格，他对她大为赞赏，两人一直交谈到傍晚。分别时，钱谦益提议柳是再加上“如”一字作为其名字，杨爱也赞成，由此开始使用“柳如是”这一名字。崇祯十三年（1640）冬天，钱谦益将柳如是接到家中，翌年夏季正式将她娶为夫人。因柳如是才貌绝世，仅纳妾的话则太委屈了如是，于是钱谦益不顾周围的反对举行了婚礼。钱谦益称柳如是河东君（河东是山西省地域，柳氏姓中祖籍河东的人很多)，让家人称其为柳夫人。当时钱虚岁 60，柳才 20 出头，虽然年纪悬殊，但两人恩爱甚笃。钱若说“我爱你乌黑发雪白肤”，伶俐的柳则嬉闹地说“我爱你雪白发乌黑肤”。在此，介绍一下柳如是进钱谦益家不久的崇祯十三年除夕两人过年时互作的诗。首先，是选自钱谦益的《庚辰除夕夜与河东君在我闻室中守岁》诗（《牧斋初学集》卷十八）：

除夜无如此夜良，合尊促席饯流光。
深深帘幕残年火，小小房栊满院香。
雪色霏微侵白发，烛花依约恋红妆。
知君守岁多佳思，欲进椒花颂几行。

“庚辰”是崇祯十三年，“我闻室”是为柳如是新建的书斋名称（取自“如是我闻”一语)。以下是柳如是的对答诗：

合尊饯岁羡辰良，绮席罗帷罨曙光。
小院围炉如白昼，两人隐几自焚香。

紫窗急雪催残漏，照室华灯促艳妆。

明日珠帘侵晓卷，鸳鸯罗列已成行。

如诗所述，夫妇俩读书论诗相对甚欢。崇祯十七年（1644）3月崇祯皇帝自杀，5月，福王朱由嵩在南京被立为弘光皇帝，钱谦益被招为南京政府的礼部尚书。但是，宦官马士英伙同一帮权势人物把持南京政府实权，加上弘光皇帝无能，没有采取任何有效的治国之策，阴谋和腐败当道，政府处于濒临崩溃的末期。当名将左良玉向政府提出质疑时，马士英即刻放弃对清军的防备，转向与左良玉军队的抵抗，由此导致清军趁势南下。左良玉病逝战场，名将史可法被强大清军围困，最后为死守扬州全军阵亡。随后南京失守，马士英等惊慌失措趁乱逃脱，丑态毕露。顺治二年（1645）5月，钱谦益代表政府把清军迎入南京宣布投降。仅仅因为扬州失陷全军覆灭就放弃抵抗，这种做法背弃了人民的愿望。据说，此时柳如是劝钱谦益殉节“保持节义，不要玷污盛名”（意指自尽），钱面呈难色，如是奋身跳入荷花池，以身殉未遂。柳如是为保忠节欲自尽，可以说远比钱谦益的行为高尚。钱谦益降清后被招进清朝宫廷供职，到翌年即顺治三年6月，以患病为由辞职为止，他一直从事《明史》的编撰工作。其供职两代朝廷的变节行为遭世人非难。之后乾隆皇帝表面上以其背弃不义为缘由将其著书全部封禁，而实际上真正的禁书缘由是他认为书中有诸多诽谤清朝之言说。

从清朝朝廷归乡后，钱谦益再也没有复出，他和柳如是两人读书论诗，过着幽静的生活。柳如是不仅是对诗唱和的好伴侣，而且她还从旁协助钱谦益答复弟子之疑问，其博学的才识成为一代文人的好辅佐。康熙三年（1664）钱谦益病逝，因钱既是名士又是大财主，为分享钱家的遗产，甚至平日素无来往的远亲也蜂拥而至。柳如是为保护钱家产业立下遗嘱，悬梁自尽随夫而去，堪称贤夫人。

第四章　妓女与诗歌

一、描写妓女的诗歌

在中国文学史上，韵文，特别是诗歌，一直占据第一位。本章主要通过描写妓女的诗歌，来看一下对妓女的评价及其变化，唐代文人与妓女的交往密切，对妓女的态度和评价出现了新的转化。本章也将考察妓女在诗歌创作方面发挥的作用，以及文人与妓女交往产生的恋爱文学。

诗歌中对妓女的描写

在中国文学方面，自古以来就有优秀的韵文作品，最富有成果的唐代有大量的作品问世。而有关对妓女的描述也有悠久的历史，早在古代的韵文中就有对妓女的描写，例如在《楚辞》的《招魂》篇中有如下的描写：

肴羞未通，女乐罗些。
陈钟按鼓，造新歌些。
涉江采菱，发扬荷些。
美人既醉，朱颜酡些。
嬉光眇视，目曾波些。
被文服纤，丽而不奇些。
长发曼鬋，艳陆离些。
二八齐容，起郑舞些。

（大意为：
丰盛的酒席还未撤去，
舞女和乐队就罗列登场。
安放好编钟设置好大鼓，
把新作的乐歌演奏演唱。
唱罢《涉江》再唱《采菱》，
更有《阳阿》一曲歌声扬。
美人已经喝得微醉，
红润的面庞更添红光。

目光撩人脉脉注视，
眼中秋波流转水汪汪。
披着刺绣的轻柔罗衣，
色彩华丽却非异服奇装。
长长的黑发高高的云鬓，
五光十色艳丽非常。
二八分列的舞女一样妆饰，
跳着郑国的舞蹈上场。）

此诗吟诵了华丽的歌舞场面。在乐府民歌的世界里，正如前章列举的晋朝的《桃叶歌》和《情人碧玉歌》一样，妓女自身成为吟诵的对象。但是，在文学世界里将妓女作为美好的对象积极地加以称颂的，是从5世纪以后南朝宫廷文坛开始的。此时，有偏重唯美主义的倾向，同时，选择美的对象为创作题材、从各个角度加以描写的诗即所谓的题咏诗极其盛行，而以歌舞助兴、在宴席间服侍的宫女和家妓的姿容及精美技艺自然而然地成为诗作歌颂的对象。描写歌舞、奏乐情形的赋（韵文的一种）以表演歌舞的妓女为描写重点，使用了多种表现技法，开创了诗作品的新风格。从以妓女为描写对象的吟诵，到馈赠妓女的诗歌，以及哀悼妓女之死的诗文等，作品形式多样、种类繁多。以下按各个类别分别加以介绍。

描写妓女的诗

描写妓女歌舞的诗，在南朝宫廷文坛中，一般使用“咏妓”、“听妓”、“看妓”这种概括性的诗题。在此，选其中一首为例介绍如下。这是梁武帝（502—549年在位）的第八子武陵王萧纪写的《同萧长史看妓》（《玉台新咏》卷七。另有说法是，这是同朝代人刘孝绰之作，其题目也稍有不同）一诗。

燕姬奏妙舞，郑女发清歌。
回羞出曼脸，送态入嚬蛾。
宁殊值行雨，讵减见凌波。
想君愁日暮，应羡鲁阳戈。

自古以来，燕国和郑国被誉为是美女众多、歌舞盛行的地方。这首诗描写了一流妓女赴酒宴的情景。虽然“巫山神女”的故事和曹植的《洛神赋》里对美的描写是老生常谈，但这首诗对妓女富有魅力的美的描写也恰如其分。整体上是描写华丽宴席的诗歌，但值得注意的是，即使描写妓女精湛美好的歌舞及容貌，也没有对个别妓女进行具体细致的描述，而是以妓女表演的歌舞场面和华丽的气氛为重点。同时也不是赞美个别的妓女，它赞美的主题是拥有妓女、主办宴席的主人。这也是当时以宫廷为中心的沙龙文学具有的一般倾向，也就是说以在座的人们的共同理解的事物为描述对象，它重视宴席的气氛。因此，整体上的结构和典故运用、表现手法等大多是俗套的。正如诗题采用“听妓”、“看妓”这种定型表现一样，整体上看具有典型化、概念化的倾向，但忽视了各个妓女的特殊性及具体特点。妓女中应该也有技艺拔群的人，但这里并不注重妓女的个性描写，而是将妓女作为一个整体看待。这是该时期诗作品的一大特征，表现了诗歌创作的时代局限性。

到了唐代，诗歌创作开始表现具体化以及对象多样化，出现了各种文学表现形式，歌咏妓女的诗歌也有了新的展开。首先，以往的“看妓”等概括性的诗题相对地减少了，而像杜甫的《观公孙大娘弟子舞剑器行》（《杜工部集》卷七）等作品一样具体地描写所见所闻的诗作有所增加。诗题与具体的内容相吻合，当然内容以及描写也都变得更加具体。此外，通常还明示主办者以及宴会场所，或者展示妓女的歌舞和奏乐等。南朝时期举办酒宴的场所也比较限定，但是，到了唐代则不仅限于王室贵族，官僚以及新兴富裕阶层也拥有妓女，设宴玩乐的场面进而扩大了。因此，是谁家的妓女，以及演奏什么样的歌舞和乐曲，对诗作者来说是颇值得关注的事情。就像范元凯的《章仇公的宴席咏真珠姬》(《全唐诗》卷三一一）等作品一样，如主人欣赏一个妓女，直接以她的名字明示诗题，称颂其美貌及优美的舞姿。这种对某个妓女进行具体描述的风格引人注目，是唐代诗歌的一大特征。这种创作上的变化，与后面将阐述的对妓女评价的变化有很大关系。

馈赠妓女的诗

除了描写妓女的姿容和歌舞的诗歌之外，还有许多在各种背景下写成的馈赠妓女的诗歌。据说，赠答诗最初是在送别时互相赠诗的过程中发展起来的。为抒发离别心情写的赠答诗，后来趋于一般化，作为贵族、官僚社会人们交往的手段固定了下来。在唐代以前，反映男性社会、歌颂兄弟爱及友情的作品已比较丰富，而馈赠女性的诗歌以及歌颂男女爱情的作品并不多见，特别是为妓女或类似的女性写的馈赠诗较少，据现存作品的范围来看，只有南朝梁代存有少数诗篇，并且，这些作品不是为特定个人写的馈赠诗，而只是采用了赠答形式写的诗。诗中对妓女的装饰以及举止等进行了较细致的描述，但并没有说明赠诗的意图、背景以及与妓女之间的关系等，从内容上看，与题咏诗几乎没有什么差别。也就是说，即使是给妓女的馈赠诗，主要也是概括性的描写。

但是，进入唐代以后，诗歌创作空前繁荣，给妓女的馈赠诗也相应地增多。唐代前半期作品还比较少，但是，可以看到这个时期重要的变化是，出现了以某个妓女为描写对象的诗作品，正如李白的代表诗作《赠段七娘》（《李太白集》卷二五）一样，以妓女名字作为诗歌题目。到了唐代后半期，以元稹、白居易、杜牧、李商隐等为代表创作的诗歌数量日渐增多且内容丰富多彩。也有许多作品直接抒发与妓女间的情爱，诉说旧日恋情，与妓女的交往和感情更加密切，这一点值得注意。在此，举一例介绍，这是元稹的《和乐天示杨琼》(《元稹集》外集卷七)。

我在江陵少年日，知有杨琼初唤出。
腰身瘦小歌圆紧，依约年应十六七。
去年十月过苏州，琼来拜问郎不识。
青衫玉貌何处去，安得红旗遮头白。
我语杨琼琼莫语，汝虽笑我我笑汝。
汝今无复小腰身，不似江陵时好女。
杨琼为我歌送酒，尔忆江陵县中否。
江陵王令骨为灰，车来嫁作尚书妇。
卢戡及第严涧在，其余死者十八九。
我今贺尔亦自多，尔得老成余白首。

根据自注，杨琼原名播，原是江陵（湖北省）的妓女。元稹自元和五年（810）至元和十年正月在此地供职，任江陵府士曹参军时期与杨琼熟识，长庆三年（823）作为越州刺史、浙东观察使去越州（浙江省）赴任途中，在苏州（江苏省）两人再会。这首诗，是翌年看到白居易给杨琼的赠诗之后写的。从整体上看，幽默诙谐、随意不拘的诗句表达了对熟识妓女亲密的情感。

正如元稹这首诗一样，以亲密的态度对待生活中的妓女，在唐代后半期的赠答诗歌中普遍表现出来。当然，俨然存在身份差别的现实并无变化，但是，他们已经将妓女视为能够共同分享体验和感动的心灵伴侣，包括与之进行精神上的交流。士大夫们的这种态度上的变化具有一定的社会背景，首先可以列举的就是，他们通过科举制度进入士大夫阶层，从应考到做官，甚至作为地方官或者节度使的幕僚去地方赴任之机，有各种各样的形式和机会与妓女接触；并且，随着时代的变化，文学在某种程度上渐渐脱离儒教的规范，出现了新的价值观和创作局面；同时，参与文学创作的层次进一步扩大，妓女中能理解诗作并能作诗的人增加了。南北朝时期，并非没有擅长写诗的妓女，只是非常少，最主要的是对妓女缺少积极评价的态度，因此，擅长写诗的妓女也没有留下什么记载。唐代，社会上对妓女的诗作和才能给予积极的评价和肯定，由此，具有诗才的妓女人才辈出。如前章所述，薛涛、鱼玄机等与一流的诗人进行赠诗交流，这对扩大与妓女的赠答诗的创作以及提高妓女的诗歌创作水平都产生了积极的作用。

悼念妓女的诗

唐代除了题咏诗和赠答诗以外，也出现了悼念妓女之死的作品。据说，哀婉的诗歌是自古代《诗经》的《秦风·黄鸟》篇开始的，到魏晋时期的挽歌辞形成了一种文体。此外，最早的哀悼女子的诗歌是晋朝的潘岳（？—300）悼念妻子的《悼亡诗》三首（《文选》卷二三）。之后南北朝时期，以女子为对象的悼亡诗几乎都是悼念妻子的，很少有悼念妻子以外的女子的作品，即使有这样的诗作，其表现及内容不同于悼亡妻子的个性也得不到认同。但是，到了唐代，出现了写给妓女的哀悼诗，诗歌中具体地描写妓女的技艺等，其内容与给妻子的悼念诗显然不同。例如窦巩的《悼妓东东》（《全唐诗》卷二七一）即为一例：

芳菲美艳不禁风，未到春残已坠红。
惟有侧轮车上铎，耳边长似叫东东。

该诗的创作背景尚不清楚，但诗作，尤其是结句，率直地表现了对已逝妓女的怀恋之情，给人留下深刻的印象。

尽管对方是妓女，但作者能直率地抒发对她的情感。这首诗没有谈及技艺方面，着重抒发对妓女特有的恋情，表现了唐代写给妓女的哀悼诗的特点。

唐代，特别是唐代后半时期给妓女的哀悼诗引人注目的是，不仅是拥有妓女的人，有很多是第三者也表达哀悼之意的，这主要是他们与妓女之间也常常作诗唱和进行交流的缘故。“唱和”一词原来是歌唱的用语，其他的人和着主唱的人唱歌，即使在诗中，也是把和着原作的内容和以新形式创作的诗称为唱和。在哀悼的唱和诗中，可以看到有的是悼念妻子的，通常主要是限于关系亲密的友人之间进行的。但是，因为相识关系，服侍酒宴上的客人的妓女和与人接触较多的妓女，在死后也有不少人对她们表示哀悼之情，所以容易成为唱和的对象。其中有几个人写的唱和诗保存了下来。下面一首是杨虞卿写的《过小妓英英墓》(《全唐诗》卷四八四）一诗：

萧晨骑马出皇都，闻说埋冤在路隅。
别我已为泉下土，思君犹似掌中珠。
四弦品柱声初绝，三尺孤坟草已枯。

兰质蕙心何所在，焉知过者是狂夫。

与英英认识的白居易作了《和杨师皋伤小姬英英》（《白氏文集》卷五六）一诗与以下这首诗唱和：

自从娇騃一相依，共见杨花七度飞。
玳瑁床空收枕席，琵琶弦断倚屏帏。
人间有梦何曾入，泉下无家岂是归。
坟上少啼留取泪，明年寒食更沾衣。

此外，同样与英英相识的刘禹锡写了一首《和杨师皋给事伤小姬英英》（《刘禹锡集》外集卷二，诗的内容从略）。随后，甚至不曾与英英见过面的姚合（781？—855？）也作哀悼诗唱和（《全唐诗》卷五〇二，内容从略）。此时，杨虞卿作为给事中住在长安（西安市），而白居易任河南（洛阳市）尹，刘禹锡任苏州（苏州市）刺史，姚合任金州（陕西省南部）刺史，他们是分别在不同的地方相继写成的。这是唱和诗本身具有竞争创作的有趣一面。对士大夫们来说，与妓女关系亲密，对她们的死表示悼念是共有情感，这也是悼亡诗创作的一大要因吧。不仅是当事人自己给妓女作唱和诗，也有不少是代失去妓女的当事人作诗的事例，如杜牧的诗作《悼友人的吹箫妓女》（《樊川别集》），大概也是出于同一缘故吧。

描写妓女的故事诗

唐代后半时期，还出现了很多以妓女为主人公的类似故事一样的乐府诗以及古诗。因为都是长篇，介绍在此从略，其代表作有刘禹锡的《泰娘歌》（《刘禹锡集》卷二七）、杜枚的《杜秋娘诗》、《张好好诗》（均出自《樊川文集》卷一）等。此外，著名的白居易的《琵琶行》也属于这种故事诗。

这些故事诗，都是以妓女不幸的命运为主题，从中可以看出对于被各种命运翻弄的妓女的生活模式，那个时代的人对此表现出极大的关注。从许多故事诗产生的背景来看，不可否认也受到当时广泛流行的传奇小说的影响。大体上来说，妓女们处于不安的境地，她们的技艺职能方面是持续不变的，却给人带来命运的变化，可以说这也是能够唤起自身仕途变幻莫测、体验诸多盛衰荣辱的诗人们感慨的要因吧。

同时，诗人超越身份悬殊的制约，对妓女的境遇表示同情并抒发共感，所表现出的亲近感是不容忽视的。

转换期的唐代

南北朝时期就开始出现以妓女为主题的诗，但那时仅仅是将妓女作为描写的对象，虽然注重于妓女的歌舞及姿容，但忽视了妓女的个性以及内在的精神方面。但是，到了唐代，妓女被作为具体的个人加以描写，并且被视为能够进行精神上的交流的对象。

唐代的这种新的倾向，基本上顺应了文学整体上发展的趋势，同时，出现这种倾向的另一个原因就是进入唐代后，人们对妓女的看法发生了变化。从历史上来看，可以认为唐代是妓女的作用发生变化的时期，那就是在妓女本来具有的“技艺”和“性”的作用的基础上，又新增加了“才智”。如前所述，在唐代，理解诗文、善于辞令、令客人舒心愉快的妓女开始受到较高的评价。当然在南北朝时期也有善于辞令、才思敏捷的妓女，可几乎并未留下任何记载，这恐怕是没有像唐代那样对妓女进行积极评价的缘故吧。唐代以后留下诗文的妓女显然增多，我认为其一大要因就是整个社会出现了欣赏妓女诗作的风潮。此外，除了诗文和言谈技巧以外，从酒令这一宴席上的游戏来看，妓女的作用也发生了变化。如第二章所述，唐代后半时期开始流行含有诸多音乐要素的更加复杂的酒令，既熟悉音乐和酒令又善于临机应变、巧妙对答的妓女如同贵重的宝物，她们常常担当主持酒席的酒纠。这种场合，也是需要富有机智、才思敏捷的妓女。

如上所述，妓女的才智开始受到瞩目，也是因为与妓女寻欢玩乐的一方发生了很大的变化。作为官僚、文学家，士大夫们成为新时代的中坚人物，他们早在科举应试或者中举的庆贺酒宴上，或者在就任下级官吏或地方官以后，就常常有机会与妓女接触，并与之保持亲密的交往。士大夫和妓女之间的距离，较过去明显地贴近了。南北朝时期，诗歌描写的对象主要是宫妓和家妓，因为她们是酒宴的主人——皇帝或贵族——的附属品，即使描写妓女，描写的重点依然是酒宴的主办者，而对妓女则持有一种蔑视态度。但是，到了唐代，出现在诗歌中的多是官妓、家妓、民妓，因为士大夫们与妓女的接触方式也更加直接，所以对待妓女的态度也随之发生变化，开始以近乎对等的、亲密的态度来对待妓女。如此一来，妓女不仅被视为性的交往对象和有技艺的人，并且她们也被认为是有才智、具有丰富的精神世界的女性。唐代曾被誉为恢复和倡导尊重人格的时代，妓女在唐代也同样开始得到承认，她们所具有的人格也得到了尊重。正是这种开始以亲近的态度对待妓女的方式，使得士大夫们在诗歌创作中，对个别妓女进行具体的描写，或者与妓女作诗赠答交流，对妓女个人的技艺以及多舛的命运表现出极大的关注。宋代以后，在文人们的诗会中，在富有雅兴的游乐中，妓女成为不可缺少的角色，这一基础主要是在唐代确立的。

二、妓女写的诗歌

唐代以后，不仅限于前章介绍的薛涛、鱼玄机以及柳如是等一流的诗人，普通的妓女一般也都能作诗，日常她们与客人用诗进行交流。薛涛等人的作品甚至能与一流诗人相媲美，充分显示了她们的诗作才能；而一般妓女作诗的水平也并不见得低劣，因为来妓院的客人也并非都是一流的诗才，按照一定的格式尝试的话，日常她们能与客人应对也就足够了。请参照第六章介绍的北里的妓女和客人之间的唱和诗，这里对一般妓女的诗作介绍从略。下面主要论述歌谣中所表现的与妓女的关系。

《子夜歌》

作诗是妓女们与客人进行个人交流的手段，她们也为促进各个时代流行歌谣的发展发挥了重要的作用。她们不仅作为歌手传唱歌谣，而且有时自己也创作。古代歌谣中很可能也有妓女创作的作品，有明确记载的是 4 世纪在东晋时期的京城建康（现在的南京）以及西部的荆州（湖北省）流行的《子夜歌》。据说，这是名叫子夜的女子开始唱的，歌谣一般是五言四句的形式，歌唱男女之间的爱情。妓女们不仅演唱，同时也结合各自的体验写新的歌词。

《子夜歌》包括各种变化形式，共留存下来一百多首，现从中选几首欣赏。首先看一下男女对口说唱的两首：

落日出前门，瞻瞩见子度。
冶容多姿鬓，芳香已盈路。

芳是香所为，冶容不敢当。
天不绝人愿，故使侬见郎。

像歌坛上男女对歌一样，歌谣中也有许多像这样男女相互对唱的形式。尚不清楚这两首歌谣是否必须分男女一问一答，但从内容来看，可以说是适宜于妓女与客人在妓馆宴席上相互对唱的歌谣。

歌谣中包括谐音等语言游戏也是这种对唱形式的一大特点，例如：

> 今夕已欢别，合会在何时？
> 明灯照空局，悠然未有棋。

这首歌谣的后半部分，从空局（没有围棋子儿的棋盘）引出“未有棋”，以“棋”的谐音“期”，以示相会无期之意。其他还有，如《口中立碑》，以“碑”的谐音“悲”，表示极度悲伤之意等，可见富有意外的表现力。最后再看一首表现妓院情调的作品：

> 宿昔不梳头，丝发被两肩。
> 婉伸郎膝上，何处不可怜。

之后，具有同样风格和内容、被称为“读曲歌”的歌谣流行，并有许多这类作品。

《挂枝儿》

一般百姓的歌谣，不仅限于东晋时代，各个时代都广泛地传唱，因为都是口传，若士大夫没有记录下来的话，流传到后世是很困难的。即使唐代、宋代，一般百姓的歌谣保存下来的也不多。接下来，看一下从明朝万历年间（1573—1620）到清朝初期，主要在妓院区广泛流传的歌谣，就是叫作《挂枝儿》（又叫《打枣竿》）的歌谣。明末以小说家、编辑著称的冯梦龙（1574—1646，参照下一章短篇小说一节）收集当时主要作品编选了民歌集《挂枝儿》，1610年出版了10卷册，这种歌谣更加受到好评，同时能够一直完好地保留到现在。《挂枝儿》歌谣的定式为“八八七五五九”，但实际上作品形式多种多样。在此，举二三例加以介绍：

俏冤家，想杀我，今日方来到。

喜孜孜，连衣儿搂抱着。你浑身上下都堆俏。

搂一搂愁都散，抱一抱闷都消。

便不得共枕同床也。我跟前站站儿也是好。

——《拥抱》

前日个这时节，与君相谈相聚。

昨日个这时节，与君别离。

今日个这时节，只落得长吁气。

别君止一日，思君到有十二时。

惟有你这冤家也，时刻在我心儿里。

——《相思》

想起来你那人，使我魂都消尽。

看遍了千千万万，都不如你那人。

你那人美容颜，又且多聪俊。

就是打一个金人来换，也不换你那人。

就是金人，也是有限的金儿也。

你那人有无限的风流景。

——《金不换》

这些都是妓女写的思恋男人的艳歌，分别表达了期盼客人不安的心境，是风尘女子的内心倾诉。最后一首，因为妓女自身受金钱的束缚，表达了内心渴望得到金不换的男人品格。这些歌谣与宫中以及达官贵人宴席上歌咏的诗歌截然不同，妓馆妓女的服务对象一般是普通百姓，歌谣轻松调侃、风趣诙谐。现存的400多首歌谣中，包括怨恨的、诙谐的，以及歌咏季节或物品的各种歌谣，体现了民间歌谣内容丰富、种类繁多的特点。

三、恋爱诗

中国的男女关系

中国社会，早在古代周王朝时期就确立了父权家长制度，并且将儒教视为国家思想体系的理念。当时，男尊女卑的观念很强，生活方面明显地存在男女差别。《诗经》的《小雅·斯干》篇中所描写的男女不同对待的生育风俗一直延续到后世，即，若是生了男孩，“乃生男孩，载寝之床。载衣之裳，载弄之璋。其泣喤喤，朱芾斯皇，室家君王”（大意是：生下男孩全家乐，给他睡的是炕床。给他穿上锦衣裳，教他玩耍碧玉璋。男孩啼哭声洪亮，朱红蔽膝更堂皇，成家立业当君王）；与此相对，若是生了女孩，“乃生女子，载寝之地。载衣之裼，载弄之瓦。无非无仪，唯酒食是议，无父母诒罹”（大意是：生下女孩莫霉气，让她睡在沙土地。给她穿上褓褓衣，教她玩弄纺缍瓦，行为端正不邪僻。厨房膳食要熟识，莫给父母添忧虑）。不仅是出生后的仪式不同，且对女子仅仅教诲需遵从的事项，体现了男尊女卑的社会习俗。孩子出生后马上就要接受男女有别的教育，因性别不同则规定了在家中的地位、从事活动等各方面存在的差别。《礼记》中规定孩子长到7岁的时候，男女之间就不能在同一个炕席上就寝了，也不能坐在一起吃饭了，士大夫等上层身份的男女之间，也必须避免亲手交接物品、直接语言交流（因此需通过仆人或侍女为中介）。

男女结合的婚姻，同样也是以生男孩继承家业为主要目的，当然男女双方是不同姓氏的家族，且门第、年龄等般配也是基本的成婚条件。婚姻大事由家长主持决定，一旦决定后子女要服从，不能违背家长的意愿。此外，为了得到继承家业的男孩，除了妻子以外可以纳妾。不用说王侯贵族和官僚阶层，即使富裕的农民和商人，一夫多妻制也是通常的家庭形态。即便如此，也有很多亲密和睦的夫妻，并有不少向妻子表达爱情的诗歌及故事。不过，因为夫妇间的爱情，是在父母包办的婚姻基础上培育起来的，与双方按自由意志建立的恋爱关系有所不同。不必说已婚女子，即使未婚女子也禁止直接与男人交往，以双方的感情意志为基础、通过恋爱结为夫妇通常是不可能的。（实际上，青年男女未经父母许可秘密保持恋爱关系的也并不少。但是，表面上要恪守社会规范。）因此，凡有些身份地位的人，在娶妻纳妾等正式婚姻以外，很难公开寻求按自由意志发展起来的男女爱情，或者是以不受“家庭”规范约束的女子为自由恋爱的对象。由此，以恋爱为题目的文学作品，即使在前面提到的民间歌谣、民间故事中早就出现了，但是在以士大夫阶层为创作主体的文学创作领域并不多见。

恋爱诗的创作和妓女

可是，妓女与以“家庭”为主的妻子不同，可以成为自由恋爱的对象。妓女具有的“性”交往，本来就具有自由这一面。妓女身为贱民被排斥于社会之外，她们不受日常规范的制约，反而具有这样的自由。但是，与妓女的关系毕竟是个人隐私，即便在前述的歌谣中也有所反映，但在以文人雅士为创作主体的文学领域，大多诗文题目是以历史和具体情况为背景创作的，与妓女恋爱的内容不易公开表现。但是，到了唐代中期以后，妓女本身具有一定的文学理解力（一般不要求妻子具有文学方面的教养），与士大夫们进行诗歌交流，精神方面的交流趋于日常化，以与妓女之间的恋爱经历为创作题材，向妓女直率地表达恋情的诗歌等文学形式已经为人们所接受。向妓女倾诉恋情的诗歌以及心爱的妓女死后为其写的哀悼诗开始大量出现，也是因为这种意识上的变化。率直地表现男女之间情感的恋爱诗中，最著名的恐怕应该是晚唐杜牧的《赠别二首》（《樊川文集》卷四）。以下，举其中人们熟知的第二首为例：

多情却似总无情，唯觉樽前笑不成。
蜡烛有心还惜别，替人垂泪到天明。

杜牧曾在扬州任职两年，历任淮南节度推官、掌书记，于大和九年（835）在告别扬州回长安任监察御史时，写了这首诗赠与自己喜爱的妓女。从诗中可以感受到浓浓的难舍之情。作者超越身份差别，抒发了对心爱人依恋难舍的情感。

李商隐的恋爱诗

这种率直地表达恋情的方式，在中唐时期的元稹、白居易等人的作品中已有所见，但是，开拓了前所未有的恋爱诗新领域的则是李商隐，他与杜牧几乎是同时代人。因为在第一章中曾介绍了李商隐的《中元作》，大家对其诗歌作品的特征应该有所了解吧，其诗作品抛开具体背景，利用各种各样的典故象征性地描述普遍存在的爱的世界，诗风蕴藉含蓄、典雅瑰丽，深受人们的喜爱。尤其是《锦瑟》、《碧城三首》及《无题》等一些作品已为人们熟知，下面看一下《无题》一首（《玉溪生诗集》卷二）：

昨夜星辰昨夜风，画楼西畔桂堂东。
身无彩凤双飞翼，心有灵犀一点通。
隔座送钩春酒暖，分曹射覆蜡灯红。
嗟余听鼓应官去，走马兰台类转蓬。

李商隐的恋爱诗歌穿插各种各样的典故，表现了其喜用典故的特点，并且常常采取“无题”形式，舍弃个别的具体的情况，具有描写普遍的爱的强烈倾向，不过这首作品有些例外，可以看到诗歌创作背景中含有其自身的体验。这与其自身在“兰台”（即秘书省）的经历（考中进士后，任秘书省校书郎）有相重合之处，诗中反复回味相遇的时间和地点，给人以亲临其境之描写，表现手法更加明了。“身无彩凤双飞翼，心有灵犀一点通”，与知心人相逢，接下来在宴席上度过了幸福时光，但随着黎明的鼓声敲响，又回到了作为秘书省校书郎的生活。这两者形成了鲜明对比，通过转换点的“嗟”一语，甚至有种听到李商隐自语声音的印象。可是，在这里相遇的女子，或许是举办宴席的主人家中的妓女。“画楼”、“桂堂”这样的描写可以说是外观气派的妓馆，但这里是指富贵人家的豪宅。从两人之间保持一定距离感的印象来看，对方的身份与家妓更相适应，是“可望不可即的女子”。这一李商隐恋爱诗中出现的女子形象，意味深刻。值得注意的是，与女子在一起不同于平时的生活和作为官僚供职的生活形成鲜明的对比，描述了被分隔在

图 14　李商隐（选自《晚笑堂画传》）

两个世界的主人公的身影（“转蓬”一词鲜明）。想重视个人私生活的时间与以公务为重的官僚社会的常规相抵触而萌生的紧张感，可能是使他创作出情意深刻的恋爱诗的原因吧。他深知也许会遭到官僚社会的责难，但他还是超越常规朝新的恋爱诗领域跨出一步，表现了作者具有高度的诗人素养。

李商隐之后，这种创作风格被继承和延续了下来。但是，像李商隐和杜牧一样富有新意和张力的作品并不多见。唐代末期，出现了露骨地歌颂女性的性爱而引起争议的诗人，但最终以仅仅追求新奇而告终。宋代以后，也有一些优秀的作品问世，但无论是诗歌还是词，日常的作品通常都是歌颂对妻子、妓女的爱情诗歌。从这种意义上说，恋爱诗已不再是特别的作品，可以说通常一般的人都能够写作。

第五章　妓院与小说、戏剧

在描写妓女与文人的关系方面有很多诗、词等韵文作品，这在文学史上也占有重要地位。妓女直接写诗这一点也具有很大的意义。留传下来的有关妓女日常生活的小说和戏曲作品，有许多是以妓女与文人、庶民交流的实际状况等为题材的，而其中有些是虚构的。本章选几个以妓女为主人公或者以妓馆为舞台的小说和戏曲作品加以介绍。

一、文言小说——选自唐代传奇

中国古代的小说萌芽于先秦，小说创作真正起步可以说是从魏晋南北朝时期的“志怪”开始的。唐代是小说的成熟期，当时的小说被称作“传奇”。包括梦、变身、特异功能者等各种各样的内容，其中男女情爱故事也是一大题材。后来编成戏曲《西厢记》的元稹的原作《莺莺传》，以及《柳氏传》、《霍小玉传》等，都是其代表作品。也有不少以妓女为主人公的故事，在此介绍一下其代表作《李娃传》。

小说《李娃传》出自白居易之弟白行简之手，是唐代传奇中的名篇。这里首先介绍一下故事的梗概（根据《太平广记》卷四八四）：

天宝年间，有位出身名门的公子（略去其姓名未写，其父为荥阳公，由此可知是郑氏）从现江苏省常州去京城长安参加科举考试。抵达长安后不久，在去拜访朋友的途中，到了平康坊的鸣珂曲胡同，初次遇见一美丽女子，那就是妓女李娃。向熟悉长安妓院的朋友打听情况后，公子便着装打扮，带着一大群侍从到了妓女李娃的住宅。见面后他向李娃倾吐真情，并住进了李娃的宅子。从此公子不再跟亲属朋友来往，每天沉溺于玩乐。上京时他带了父亲为他备好的两年的生活费用，但为了支付与妓女的饮宴玩乐费用，他不久就把口袋里的钱花光了，最后连车马和家童也卖了。只一年多钱财耗尽，身无分文。一天，李娃对公子说想祈愿求子，要去平康坊南面的宣阳坊的竹林神社参拜祷告。公子与李娃一起去祈祷，住了两宿才往回走。归途中李娃说顺便拜访一下住在同一个坊里的姨妈，两人进了姨妈家的院子。不一会儿，忽然有人进来报信说，鸨母得了急病，病得很厉害。李娃先赶回去了，公子与李娃的姨妈一起商量万一不测要办丧礼之事。可天黑了依然没见人来接公子回去，于是公子就一个人回去了。赶到李娃原来的住宅，看到门锁得很严实，询问那里的邻居，邻居说两天前就已经搬走了。公子想问李娃的姨妈，但天已经晚了，坊门关闭，不管怎样凑合住了一晚，第二天一早就到李娃姨妈家，到后连连敲门，出来的人说那儿是崔尚书的宅邸，说昨天有一个人租了这所房子。公子惊慌困惑得快要疯了，不知怎么办才好，无路可走，于是又返回到当初来京的住宅。公子怨恨愤懑，茶饭不进，患了重病，房主害怕他一病不起，会病死在房子里，就将其搬运到了殡仪铺中。公子的病情不见好转，在全铺的人细心的照料下，公子保住了一条性命。待身体稍微能活动后，他就跟着殡仪铺的人一起干活当帮工。因为他人聪明，不知不觉就掌握了唱哀歌的全部技巧，即使在整个长安也没有人比得过他。

长安的殡仪铺分为东西两边，彼此之间出租丧葬所用的器物，店主互争胜负。东铺的纸扎车马等都十分新奇华丽，占据绝对优势，只是出殡时的挽歌唱得低劣，不及西铺。东铺店主知道公子唱挽歌极好，因此将他争取过来创作新挽歌。不久，东西铺之间比较优劣，败者支付酒饭的费用。结果，东铺不仅器具占绝对优势，由于公子唱的挽歌悲哀感伤，十分动人，东铺大胜。这一竞赛场面无意中被上京的父亲的男仆看到，打听后男仆马上悄悄地去探访公子。于是，公子随男仆一起去见父亲，但是，父亲对堕落玷污家门的不孝之子大发怒火，将他拖到曲江西边抽打了数百鞭，弃之而去，公子昏死过去。东铺店主见此惨状，以为公子已断气，正想将其埋葬时，发现公子的心脏还有微弱跳动，经护理照料，公子苏醒了过来。可是，不仅手脚动弹不得，鞭打的伤口还溃烂化脓，无法救治，他最终被弃置于路边。过路的行人有的发慈悲，常常在他身边放些食物等，他靠此充饥总算保住了一条命。大概过了100天能够拄着拐杖走路了，就靠沿街讨饭维持生活。一天大雪纷飞，公子被冻饿逼迫，只得顶着雪出去讨饭，乞讨途中恰巧路过李娃的住宅，李娃听出来公子的声音，将他救了下来。

鸨母再次要将公子赶出去，这次李娃断然拒绝，自己拿钱赎了身，获得自由后在别处租了一所空院精心照料公子。一年之后公子完全康复，李娃为其买了应试科举的书籍，让他准备应考。公子勤奋刻苦准备了两年有了自信，但李娃劝他再准备一年，公子听了李娃的规劝，翌年参加了科举考试，结果名列榜首。于是，公子被授予成都府参军职务，其才能学识受到周围的称赞，朝廷高官们也乐于与其交往。将去赴任时，李娃感到已经做出了补偿，公子应该娶门当户对的女子成婚，她毅然拒绝同行，约定只陪伴公子渡过长江，送到途中的剑门。到达剑门时，公子得知父亲也入川就任成都府尹，在剑门等候与父亲再会。父亲看到儿子改过自新，成为出类拔萃的人，又惊又喜，父子重新相认。父亲听了事情前后经过感慨万分，让公子按结婚的全部礼仪迎娶李娃为正妻。李娃嫁过门后，精明地料理家务，尽心地孝敬父母。公子顺利晋升高官，李娃也被授予汧国夫人，家族兴旺圆满。

以上是故事梗概，《李娃传》的前半部描写了主人公堕落，后在殡仪铺做低贱的帮工，最终沦落为乞丐；后半部写公子得到李娃的帮助，发奋读书，登第为官，仕途腾云，家族繁盛，前后形成了鲜明对照。故事以长安城为舞台背景，对城内具体场景的描写细致逼真，对周边妓院以及殡仪铺这些特殊职业人群的描写也颇为生动细腻，表现了唐代传奇创作中写实手法的高度成就。故事除了描述主要人物士大夫阶层之外，同时也描述了长安普通百姓的生活。实际上，在此之前有名叫《一枝花》的故事，一般认为白行简的《李娃传》是根据《一枝花》的故事改写成的。元稹的《翰林白学士（代书一百韵）》诗（《元稹集》卷十）的自注中写道，有一次，在新昌家里（当时白居易的自宅）听了《一枝花》的故事。从寅时（上午4点）一直到巳时(10点左右)，故事还没有讲完。记录了元稹在白居易家里曾经听艺人讲演《一枝花》故事的情形。白行简当时是否在场尚无确切考证，或许是他对士大夫之间熟悉的《一枝花》的故事感兴趣，按自己的构想将它进行加工改写成了文言小说的吧。

小南一郎氏在《李娃传的构造》（《东方学报》京都第62册）的论文中分析道，主人公堕落和成功形成鲜明的对照，寓意古代所说的死和再生；此外，《一枝花》以名门子弟与妓女之间的恋爱故事为主题，适合于一般都市居民的价值观，为人们所乐于接受，而后半部主人公的成功以及对主人公全力支持的李娃这一理想的女性，既符合社会伦理的期待，也与士族的利益和价值观保持一致。《李娃传》反映了唐代文言小说的创作生成轨迹和时代特点，故事情节波澜起伏，引人入胜。《李娃传》堪称唐代小说精品，还在于结构布局严整细密、丝丝入扣，铺垫烘托到位，可以说在传奇小说创作方面达到了较高水平。另外，对妓女李娃的描写，鲜明地表现出她奔放不羁却又忠贞果断的复杂个性，最终李娃挣脱了妓院鸨母的干涉，并协助扶持所爱的人获取功名，走向成功，被视为自强自立的妇女形象。《一枝花》中所描写的与名门公子恋爱结婚，是一般女性极其向往并乐于接受的吧。这一点也是故事受到欢迎和流行的原因之一。《李娃传》中，将妓女描写为自强自立的理想的女性这一点，可以说体现了当时士大夫对妓女的积极评价和亲近姿态。

继唐代“传奇”之后，宋代以后也创作了文言小说，著名的作品集有明朝初期瞿佑（1341—1427）的《剪灯新话》、李祯（李昌祺，1376—1452）的《剪灯余话》，以及清朝初期蒲松龄（1640—1715）的《聊斋志异》等，众所周知，这些中国著名的文言小说对日本文学也产生了很大的影响。其中，也包括一些描写妓女生活的故事，因这些作品并非特别著名，在此从略。

二、短篇白话小说——选自“三言二拍”

白话小说是合着某种曲调说唱故事的“说书”形式，自古代开始就有了，但遗憾的是，因为是口传，没有留下记录。唐代开始流行简述佛教教义的俗讲、图解说明，从在敦煌文书中发现了用作教材的“变文”中可以了解当时的状况。到了宋代，这种说唱艺术有了较大发展，出现了以都市为中心在繁华街区搭建的被称为“勾栏”的戏棚，在那里演唱各种各样的曲艺等。之后，随着印刷技术的发展，这些说唱曲艺被印成白话小说读物并受到广大市民的欢迎，其中，有全文一次刊完称为“话本”的短篇小说，也有像《三国志》这样按章节刊载的连载小说。下面先看一下短篇小说。

明朝以前曾经多次编辑出版过一些短篇小说集，但现今保存完好的是明朝末期（17世纪初）出版的通称为“三言二拍”的五本短篇小说集。“三言”即指《古今小说》(亦称《喻世明言》)、《警世通言》、《醒世恒言》，其作者是在苏州等地从事创作活动的冯梦龙。“二拍”则是《初刻拍案惊奇》、《二刻拍案惊奇》的简称，作者为凌蒙初(1580—1644)。每本分别包括40个短篇，共计收录了200篇小说。后来抱瓮老人（姓名不详）从中精选了40篇名作，发行了《古今奇观》，超越了原版小说，成为流传最广的白话短篇小说选本。由此，“三言二拍”的流传中止，直到进入20世纪在日本被发现后才得以再次公布于世。在“三言二拍”中，包括有冯梦龙等个人写的作品，但是，大部分故事是依据宋代以后流传的“说唱本”改写成的。小说多处生动描写当时市井百姓的生活，其中也有一些以妓女为对象的，现将其代表作介绍如下。

卖油郎

首先来看一下收录在《醒世恒言》中的《卖油郎独占花魁》。这个故事讲述的是北宋末期在金军入侵的混乱中，一个和父母走散后被骗卖到杭州妓院的名叫瑶琴的女子与同样在杭州沦为卖油郎的公子秦重之间的爱情故事。下面是故事的梗概：

瑶琴家住汴梁（现开封市）城郊，是莘善和阮氏夫妇的女儿。金兵攻破汴梁，瑶琴在逃难中与父母失散，被同村的无赖卜乔骗卖。他以50两银子将瑶琴卖到了杭州妓院。妓院主王九妈见瑶琴天生丽质便精心培育她，教她学练歌舞以及弹琴、吹笛等各项技艺。瑶琴天生聪明伶俐，不仅会读书写字，还有作诗才能。她以王美为艺名参与各种宴会的招待应酬，在这些宴会中她大受好评，一晚收费多达10两银子，她成为了妓院的红角，被誉为“花魁”。在杭州卖油的小商人朱十老，收养了从汴梁逃难来的秦重为养子，因后继无子，他把秦重当亲儿子一样看待，为他改名朱重，让他帮忙做油店的生意。朱十老因有腰疼病，雇用了邢权当店铺的掌柜，可是，邢权和店铺的女用人兰花暗里偷情，嫌朱重碍事，便故意向朱十老说朱重的坏话，朱重被赶出了店铺。朱重离开店铺后租借了一间小屋，用身上仅有的3两银子作本钱，靠着他的勤勉和以往的客户基础，他开始担着油挑子做起了走街串巷的卖油郎。朱重的亲生父亲在郊外上天竺寺的寺院里做仆人，朱重不知此情，离开朱十老的家之后自己又改用了原姓，在油桶上写上大字“秦”、“汴梁”，寻找父亲的下落。

秦重串街卖油，一天路过王美家时初见王美，得知她就是赫赫有名的“花魁”，对她一见钟情，怎么也忘不了她的容貌身影。于是他下决心，即使花上一年的时间，也要挣够10两银子去见王美。王九妈也爱买秦重的油。每次去王九妈家卖油时，秦重都期待着能看到王美的身影。他每天卖油积攒银两，一年后攒了16两银子，于是在决定去见王美的当天，他到服装店定做了套合身的衣服，然后去求王九妈帮忙能与王美相见。起初，王九妈不予理睬，在秦拿出10两银子和2两小费之后，她才同意安排让王美接客。王美身为花魁，整日忙于应酬高官和名士等。秦重一直持续等了一个多月，他一直期盼着相见的机会。12月的一天，下着大雪，秦重又去探望。这次十分庆幸，说是傍晚时可以抽出时间，于是他与王九妈一起等着王美回来。可天黑以后依然不见人影。到了夜里，王美终于回来了。因去参加了赏雪酒宴她喝得醉醺醺的，且对王九妈事先说的有大少爷等候的话不以为然，拒绝接客，回房就和衣上床，躺下就睡。秦重虽然受到冷遇怠慢但并未表现出丝毫不满，他让用人往茶壶里冲上浓茶准备好，双手抱着茶壶保温，坐在王美身边静静地观其入睡。果然不出所料，喝得酩酊大醉的王美半夜便醒来呕吐。秦重瞬即用自己的衣袖接住，并让她喝沏好的浓茶，平稳之后又让她继续睡觉。第二天，王美醒来得知夜里的经过后对秦重萌发好感，但是当她认出来他就是常来卖油的那个人时，感到极为惊讶，就问他为什么要来这里。秦重便如实地将他初次见她芳容，心下思慕至极，及积攒银两之事等详述一遍，并表示说即使能在她身边陪伴一晚也十分满足，因自己身份低下，长时间停留会有损其花魁名誉，所以想尽快离开。秦重的善良及人品使王美深为感动，然后她硬是塞给他 20 两银子让他回去了。自此以后，王美每日思念和惦记着秦重。

再说朱十老家里，邢权和女用人一起携带店铺的钱财逃之夭夭，朱十老自知上当受骗，再次让秦重回来掌管店铺。秦重重新回到朱十老身边，并重新改为朱姓，努力恢复店铺生意。不久，朱十老病情加重去世，朱重像对待生身父母一样尽礼节将朱十老安葬。朱重的品行和为人受到周围四邻的称赞，油铺生意也更加兴隆。后来他雇用了一对夫妇做帮手，这对夫妇不是别人，恰巧就是莘善和阮氏，他们来杭州寻找失散的女儿。又过了一两年，时值清明节，王美被姓吴的一帮无赖嫖客硬逼着带到西湖游船，因王美拒绝，恶人便解开她的缠脚布（对女子来说这是最大的屈辱），将她扔到湖畔。遭受如此侮辱，王美赤着脚不能行走，在那里痛哭。此时，正值朱重为朱十老上完坟路过此处，见此景马上用手头的织布为她包缠好脚，并把她送回到王九妈家。朱重想急忙赶回去，王美极力挽留，当晚和秦重同床共枕，尽心款待朱重。夜里王美枕边低语想嫁给朱重，朱惊喜万分。王美将以前存放在熟客那里的衣箱取回来搬到了朱重家，待一切准备就绪后，王美去拜访王九妈的干姐妹刘四妈，求其为自己赎身一事向王九妈说情。拿到酬金的刘四妈便去说服王九妈，王美用自己长年积存下来的1000多两银子为自己赎了身。嫁到朱重家，进门后她意外地发现自己的父母竟在朱重家里，久别重逢让他们悲喜交加，并为奇缘感慨万分，实在是双喜临门。王美搬来的衣箱里有价值3000多两的财宝。之后他们的生意也愈加繁盛兴隆。朱重经常去郊外的寺院，向各寺院和神社捐赠油以表感恩之情。一天，去上天竺寺送油时，碰巧用的是写着“秦”、“汴梁”大字的油桶，在寺院当仆人的父亲，没有认出来眼前送油的人是离散8年的儿子，但当他看到油桶上的大字时感到疑惑，为其倒茶时问了缘由。朱重讲了自己的身世，父子相认悲喜万分。父亲希望继续留在寺院生活，朱重尊重父亲的意愿，随后在寺院内为父亲建了居住的庵庙，一直为父亲尽孝到终。朱重夫妇生了二男，长大后都很有出息。后来在杭州的妓院，人们将通晓人情世故的客人称为“秦大少爷”或者“卖油郎”。

以上是故事梗概。秦重对王美一见钟情，拼命干活攒足了一夜10两银的费用期望见面，遭到冷遇和拒绝不仅没有丝毫怨言，反而像对待亲人一样对王美体贴入微。这段描述应该说是充满温情的精彩场面。王美由此了解到秦重的真心和品性，之后找机会为自己赎身，与秦重圆满结合，这一贤明的抉择是人们所期望的。与李娃相比，王美更加富有主见，是自立的妓女形象，同时也表明普通的市民层也逐渐成为妓楼嫖客。故事描写的是南宋初期的杭州，但其背景是明朝后半时期的情况。此外，日本对这一故事也进行了各种各样的改编，众所周知的相声《紺屋高尾》（或者《名物几代饼》）即是其代表作。

杜十娘

接下来看一下《警世通言》里的《杜十娘怒沉百宝箱》。这个故事与《卖油郎》相反，妓女至诚倾心，但对方背信弃义，杜十娘最后含恨投江，酿出一场爱情悲剧。下面是故事梗概：

明朝万历年间，绍兴人李甲，拿到从师国子监的资格上京，在出外游玩时遇到了名妓杜十娘，两人相爱。十娘喜欢李性格温厚，希望他为己赎身一起生活。但是，李惧怕父亲的严厉，迟迟不能下决心为她赎身，一直同居至钱囊耗尽。鸨母要将李赶出去，但在十娘面前又不便逼迫，就立下条件说，若 10 天内能拿 300 两金子来的话，就将十娘交他带走。因为鸨母心里很清楚李拿不出来那笔金子，这不过是限制他接近十娘的计谋。果然李到处筹资却没有谁借给他。十娘见此景将李叫来，把藏在被子里的 150 两金子让他拿去，用于筹款。李的朋友柳遇春得知后，钦佩十娘的一片真情，也自愿解囊为其垫付了不足的 150 两。李拿着凑够的 300 两金子去为十娘赎身，计谋落空的鸨母大为恼火，将十娘只身赶了出去。十娘在朋友的帮助下，整理了装束，不久与柳遇春及妓馆的姐妹分别，随李一同前往李的故乡。在动身启程的时候，十娘为准备旅途费用筹措盘缠，给李增加了信心。

可是，到了瓜州（现扬州市郊外）时，邻船的盐商孙富听到了十娘的歌声，喜欢吃喝玩乐的孙心怀诡计想占有十娘。孙巧妙地接近李搭话询问，他看出了李携十娘畏惧父亲发怒的心态，便趁机劝李说，若他愿把十娘转让的话，自己愿出1000两金子，带着这笔钱回去李父定会解怒。没有主见的李听从了这番花言巧语，哭着向十娘诉说自己的难处和实情，意外的是十娘竟欣然答应了。第二天早上，令对方送来1000两金子后，十娘盛装打扮，朝孙的船驶去时，打开了随身携带的一个镶金的箱子，箱子里面装满了带金银珠宝的簪子、耳环、笛子、玩具等宝物，价值数千银两。十娘打开箱子将宝物投入河中。周围很多人围观，李甲和孙富见势不妙，连忙赔礼劝阻。十娘怒斥孙卑劣小人，怨恨李无情背叛，最后拿着无价的宝箱投河自尽。

十娘自尽后，李发疯了，孙也得病死了，人们都说这是十娘的冤魂作灵让两人遭报应。后来，柳遇春恰巧路过瓜州时，不留神脸盆落入水中，让人打捞时捞上来的竟然是十娘盛宝物的箱子，并且当晚梦中十娘出现了，她诉说了李的薄情，感谢柳遇春前些日子慷慨拿出150两金银相助，送去宝箱作为报恩酬谢，说罢便消失了。

以上是故事梗概，故事最后附加了评语。正如评语所说，十娘的行为实在令人感慨钦佩，若是能与好人相遇结成伴侣必定生活幸福，可惜十娘看错了人，情爱化为怒火，一切都化成了泡影，令人深感遗憾。

两个故事的结局完全不同，但都是描写按自己的意志努力与命运抗争的妓女的形象。这反映了明朝时期妓女富有朝气、追求美好的时代精神。这方面可以说突出了妓女鲜明的个性，与近松等描写日本江户时代的妓女有明显的不同。在此，尽管不能深入地进行文化比较，但是可以看出对妓女恋爱的描写方法中日两国有显著的不同，令人颇感兴趣。

三、章回小说

连载小说是长篇章回小说，它分为几章、几回，连续分次讲演，每次集中一个中心话题且讲演时间大致相同，每讲到紧要关头就宣称“欲知后事如何，且听下回分解”。中国古典小说的代表作《三国演义》、《水浒传》、《西游记》、《红楼梦》、《儒林外史》等都属于章回小说，明朝以后尤其受到欢迎。在此，介绍其中与妓女密切有关的两部作品。首先，介绍一下与《三国演义》、《水浒传》、《西游记》并列、被誉为明朝“四大奇书”的《金瓶梅》。

《金瓶梅》中的妓女

长篇小说《金瓶梅》包括100回，是明朝万历年间（1573—1620）写成的，现存最早的版本是万历四十五年（1617）出版的。但遗憾的是，有关此书作者，仅仅知道他的笔名是“兰陵笑笑生”（兰陵是现山东省的地名），真实姓名及其经历等不详。“四大奇书”的另外三部是明朝时集大成之作，它们都是根据宋代或者宋代以前在民间长期流传的故事创作的。而这部《金瓶梅》是中国文学史上第一部由文人独创的描写市井人物与世俗风情的长篇小说，构思精巧，描写生动，作者不详令人感到遗憾。

《金瓶梅》借用《水浒传》原有框架结构中武松的嫂子潘金莲和商人西门庆私通，毒杀了兄长武大的事件。《水浒传》中，武松得知真相后亲手杀死了潘金莲和西门庆祭祀兄长，而在《金瓶梅》中却进行了改写，潘金莲

图 15　西门庆和李桂姐（选自《金瓶梅》插图）

逃脱了武松之手，西门庆也幸免于难，而武松却因误杀他人被流放，故事由此展开。西门庆有正妻吴月娘，此外还有二夫人李娇儿、三夫人孟玉楼、四夫人孙雪娥和五夫人潘金莲、六夫人李瓶儿，妻妾成群，每位夫人都有随身侍女、用人的妻子以及妓女等，《金瓶梅》围绕西门庆贪图钱财、色欲等穷奢极欲的生活而展开（其中，潘金莲、李瓶儿和金莲的侍女春梅三人扮演重要角色，书名“金瓶梅”是由这三个人的名字组成的）。从表面上看，作品的时代背景是《水浒传》的舞台背景北宋末期（1120 年前后），但实际上反映的是商业经济发达的明朝万历年间的世态人情。

有关《金瓶梅》中的妓女，故事中出场的是社会上一般的妓女，也就是说，只是以金钱为目的、善于算计的妓女。西门庆的妻妾中，二夫人李娇儿是妓女，其娘家妓院里的李桂姐也与西门庆有勾搭。李桂姐与称为大姐的李桂卿，与妓女吴银儿等争风吃醋，同时又结伙从富豪西门庆（广泛兜揽生意、拿钱买官，所以有钱有势）那里攫取钱财。

　　那桂姐坐着只是笑，半晌不动身。原来西门庆有心要梳笼桂姐，故先索落他唱。那院中婆娘见识精明，早已看破了八九分。桂卿在旁，就先开口说道："我家桂姐从小儿养得娇，自来生得腼腆，不肯对人胡乱便唱。"于是西门庆便叫玳安从书袋内取出五两一锭银子来，放在桌上，说道："这些不当甚么，权与桂姐为脂粉之需，改日另送几套织金衣服。"……（桂姐方才下席来唱）。唱毕，把个西门庆喜欢的没入脚处。吩咐玳安回马家去，晚夕就在李桂卿房里歇了一宿。紧着西门庆要梳笼这女子……次日，使小厮往家去拿五十两银子，缎铺内讨四件衣裳，要梳笼桂姐。那李娇儿听见要梳笼她侄女儿，如何不喜？连忙拿了一锭大元宝付与玳安，拿到院中打头面，做衣服，定桌席，吹弹歌舞，花攒锦簇，饮三日喜酒。(《金瓶梅》第十一回)

像这种妓女心怀算计的场面，描写最多的尤其是颇具心计和手腕的李娇儿。故事的后半部，西门庆贪恋色欲、贪图钱财名誉的欲望得到极大满足，得意绝顶。一天晚上潘金莲让西门庆服春药，因饮量过大突然死去。李娇儿看出西门庆家破灭离散的前景，对西门庆家不再眷恋，偷拿了贵重财物回到了妓院，随后又答应过门到其他有钱人家当妾，是个私欲膨胀、冷漠无情的女人。

且说那日院中李家虔婆，听见西门庆死了，铺谋定计，备了一张祭桌，使了李桂卿、李桂姐坐轿子来上纸吊问。大夫人吴月娘没出面，所有的都是二夫人李娇儿和三夫人孟玉楼在内客厅接待应酬。李家桂卿、桂姐悄悄对李娇儿说："俺妈说，人已是死了，你我院中人，守不的这样贞节。自古千里长棚，没个不散的筵席。教你手里有东西，悄悄教李铭捎了家去防后。你还恁傻！常言道：'扬州虽好，不是久恋之家。'不拘多少时，也少不的离他家门。"那李娇儿听记在心。……

出殡之时，李桂卿同桂姐在山头，悄悄对李娇儿如此这般："妈说，你摸量你手中没甚细软东西，不消只顾在他家了。你又没儿女，守甚么？教你一场嚷乱，登开了罢。昨日应二哥来说，如今大街坊张二官府，要破五百两金银，娶你做二房娘子，当家理纪。你那里便图出身，你在这里守到老死，也不怎么。你我院中人家，弃旧迎新为本，趋火附势为强，不可错

图 16　吴月娘与李家的手下（选自《金瓶梅》插图）

过了时光。”李娇儿听记在心，表面上不动声色，过了西门庆五七之后，因风吹后，用力不多。……一日，因月娘在上房和大妗子吃茶，请孟玉楼，不请她，就恼了，与月娘两个大闹大嚷，拍着西门庆灵床子，啼啼哭哭，叫叫嚎嚎，到半夜三更，在房中要行上吊。丫头来报与月娘。月娘慌了，与吴大舅计议，请将李家虔婆来，要打发她归院。虔婆生怕留下她衣服头面，说了几句言语：“我家人在你这里做小伏低，顶缸受气，好容易就开交了罢！须得几十两遮羞钱。”吴大舅做着官，又不敢张主，相讲了半日，教月娘把她房中衣服、首饰、箱笼、床帐、家活尽与她，打发出门。(《金瓶梅》第八十回)

《金瓶梅》中登场的妓女，作为小说中的人物稍微公式化，没有像潘金莲一样，赋予强烈的个性。潘金莲出于情欲最终毁灭了西门庆并葬送了自己。从妓女的造型来看略有不足，但《金瓶梅》是一部讽刺性的小说，主要描写人所具有的各种欲望，因此强调了妓女以及鸨母诡计多端的一面，从而将妓女更加典型化了。

《海上花列传》和上海的妓院

从章回小说中再选一篇以妓女为题材、特色不同的长篇小说加以介绍，这就是以清朝末期的上海为舞台背景创作的《海上花列传》(全部 64 回)。作者是“花也怜侬”，这本来是笔名，真名叫韩邦庆（1856—1894)，字子云，35 岁开始在上海当记者，并在其主笔的通俗刊物《海上奇书》上连载了《海上花列传》。在发表了一半之后，《海上奇书》停刊，光绪二十年（1894）出版了包括全部内容的单行本。

《海上花列传》，“海上”即以上海为舞台，“花”即描写妓女生活的作品，该书的一大特征就是全篇是用上海方言吴语写成的。因此，不容易读懂，幸好在日本有太田辰夫氏翻译的版本。正如书名“列传”一样，主要内容是写清末上海十里洋场中的妓女生活，是部长篇小说。它的每个故事并不是独立的，它们混合穿插在一起，涉及当时的官场、商界、经纪人及与之相连接的社会层面，以花街区为舞台描写了上海这一商业繁华都市的另一面。嫖客和妓女登场后逐渐转为其他人物交替登场，中心人物并不是整体一贯的。但是，最初登场的赵朴斋，以及其叔父商人洪善卿、商人陈小云，高官王莲生、罗子富，资本家黎篆鸿、李实等，这些主要人物与其熟悉的妓女反复多次地登场，保持了一定的框架结构。有研究表明，《海上花列传》中主要的登场人物都有具体的原型，有关这一点令人感到作者创作有一定的意图。内容虽以妓院日常生活为中心，但避免了色情的描写。

小说中有关妓女的描写，包括“长三”、“幺二”、“花烟间”、“野鸡”等，有诸多类型的妓女，书中描写了她们与嫖客的交往之道和交际场景，对每个妓女的描写都颇具个性、栩栩如生。书中对妓院的建筑构造、日用器具，以至接客的情景等根据妓女的等级以及个性等有不同的描写，还包括对“宣卷”（道士讲解宝卷）、“路道酒”（祭祀福神的酒宴）等妓院举行的惯例活动的描写。此外还对妓女围绕与熟客交往互相争风吃醋、诱引笼络客人的手腕和内心活动进行着重的描写刻画。例如，官吏王莲生，除了与“长三”沈小红保持亲密关系之外，对“幺二”张蕙贞也偏袒钟爱，为其盖了房子（第四回），王莲生与蕙贞一起游明园（西郊的庭园）时，小红突然赶到，对蕙贞出手打骂，让莲生当面出丑、抬不起头来（第九回）。在此，表明了“长三”的妓女气派大、盛气凌人，同时妓女与客人亲密无间，保持亲密关系的同时负有相应的责任。事后，莲生也继续关照蕙贞，同时尽量讨小红欢心，让她高兴，但是，小红姘戏子（当时这样的妓女为数不少）被莲生撞见，莲生一怒之下将她抛弃（第三十三回），后来，莲生纳蕙贞为妾，小红走向没落。小红好胜要强，被莲生和蕙贞压服，最后结局是因欺骗了莲生而遭抛弃，忍气吞声地依从小红的蕙贞获胜。故事围绕莲生与两个妓女间的争风吃醋及不同命运的描写，展现了妓女不同的性格和结局。同样，宦家子弟陶玉甫与“长三”李漱芳倾心相爱，想娶其为正妻但未能遂愿，自己护理病中的漱芳但最终漱芳因医治无效病死（第四十二回）。故事描写了妓院中少有的纯真爱情，也是表现客人与妓女关系的一个典型。此外，赵朴斋到上海游玩迷恋不归，妹妹赵二宝带母亲到上海来寻找他也被骗落入烟花界（第三十五回）的故事中，可以看到，妓院是附体的邪魔。另外，将梅毒传染给良家女子诸十全的资本家李实夫，因赌博大损的外甥李鹤汀，可以说也是妓院嫖客的典型代表。《海上花列传》塑造了一批遭遇不同、性格各异的妓女和嫖客形象，采用穿插藏闪的结构，很好地表现和反映了当时的妓院生活。

四、戏曲

中国自古以来就有舞台上的短剧表演，但是，真正的戏剧发展比较晚，大概是进入12世纪以后开始的，起初是在北方兴起，是以蒙古建立的元朝的大都（现北京）为中心逐渐繁荣起来的，像日本传统能剧的表演方式一样，是在不需要幕和大道具的舞台上，通过服装、小道具以及动作表演来表现各种角色和场面的短剧，剧本是由歌唱的“曲”和台词“对白”构成的，并且，一般标准形式是全剧分四折（相当于现代剧的“幕”）。因为以“曲”为中心，所以称之为“元曲”，或者“元杂剧”。

元曲《救风尘》

元曲中，有许多是以一般市民为主人公的，因此，在不少曲目中妓女充当了重要的角色。在此，介绍一下元曲的代表作家关汉卿的《救风尘》。元曲通常由“题目”和“正名”

来表现曲目的主题。这篇《救风尘》，题目为“安秀才花柳成花烛”，正名是“赵盼儿风月救风尘”，戏剧正式的名称是“赵盼儿风月救风尘杂剧”（简称为“救风尘”）。

这部戏剧，以汴梁和郑州（在河南省）这一中原地区为舞台背景，中原地区作为北宋和金朝时期的都城十分繁荣。该戏剧的内容梗概如下：

有位名叫宋引章的汴梁妓女，与秀才安秀实相爱，两人盟誓相爱永远，但是后来宋又倾心于从郑州来京城做买卖的商人、花花公子周舍，宋不顾养母李氏的担心，想要周为己赎身，故事就是由此展开的。安秀才求宋的艺姐赵盼儿从中说合并劝宋回心转意。听了安秀才的话后，赵姐便去宋那儿问为何变心，得知原由后对宋说：“你道周情肠甜似蜜，但娶到他家里，多无半载周年相弃掷。”可是宋已经迷恋上会讨女人欢心的周，听不进去赵的忠告。结果赵劝说无效，宋一意孤行，随周去了郑州（以上为第一折）。可是，宋随周去了郑州以后，不出赵姐所料，宋在周家饱受虐待，无奈便给养母李氏去信，向赵姐求救。赵担心宋的处境，痛恨周的虚伪，决心设法将宋救出虎口（第二折）。第三折开场是赵带着仆人访问周经营的郑州客栈，本来周希望女客住宿，赵利用美人计诱惑，求周休了宋和自己在一起。恰好宋来到客栈，不知赵的意图，责骂周背信弃义，周也想趁此将宋赶出家门迎娶赵。为此让赵立誓承诺，此时用的酒、羊以及写誓言的大红罗都是赵姐事先预备好的。第四折开场时周将休书交给宋，来客栈迎娶赵。可是得知赵已离开客栈后，周随后追赶，追上了和宋一起逃去的赵。周顿然醒悟，知道中了计谋，从宋那里夺回休书撕破，要赵按立下的誓约嫁入周家。但是，周撕破的实际上是赵以假充真的休书，而写有誓约的大红罗都是赵的物品，没有任何约束力，周才知道一切落空。此时，赵唱道："遍花街请到娼家女，那一个不对着明香宝烛，那一个不指着皇天后土，那一个不賭着鬼戮神诛？若信这咒盟言，早死的绝门户！"曲调令人心情痛快，表现了有勇有谋、不畏权势的妩媚的风尘女子的性格。周见势不妙劫带两人跑进白沙，安秀才事先得到赵的口信急忙赶到那里，最后安和宋重归于好，周受到了惩罚，结局大圆满。

赵盼儿以其才智和美貌将无助的妓女小妹救出，整个故事情节生动曲折，颇有趣味。前面的"三言二拍"中也曾提到，白话小说和戏曲中的妓女，按自我意志行动，其自立精神给人以深刻的印象。这反映了产生这种文学的时代精神，当时妓女应酬的对象不仅是过去的士大夫，而且也包括一般市民中的商人和富农等，可以看到她们自身表现出不从属于权力，渴望和追求自由的特性。

李香君和《桃花扇》

北方兴起的元曲（元杂剧），一个剧目分四折，即“一剧四折”的定式，唱的时候也规定有主角（生角或旦角），因这种元曲的固定模式有很大的局限性，人们开始探索新的模式。元代末期，南方开始出现曲目的幕不受限定、演唱的主角不受限定、形式更加自由的戏曲形式，因为从南方开始流行，又称为“南曲”，与称为“北曲”的元曲相对应，到了明代发展为戏曲主流后又被称为“明曲”。这种南曲的代表作有元末高明的《琵琶行》、清朝初期洪升（1659—1704）的《长生殿》，以及孔尚任的《桃花扇》。在孔尚任的《桃花扇》中有南京秦淮旧院的名妓李香君登场，下面介绍一下《桃花扇》的梗概。

《桃花扇》是清朝康熙年间（1662—1722）完成的戏

曲，以明朝末期的南京为舞台背景，特别是突出描写了福王（弘光帝）的南京政府。当时的情况，在前面第三章陈圆圆和柳如是的故事里已有说明，钱谦益也曾作为礼部尚书效忠于福王的南京政府，当时明王朝濒临灭亡的混乱状况，从某种意义上说是当时南京政权的现实写照。掌握南京政府实权的宦官马士英及其周围的阮大铖（1587—1646，著名的戏曲作家）、杨文聪（并以画家著称）以及背叛皇室的军人们，贪图一时的名誉和财富，对复社的文人实施镇压，史可法、左良玉等名将无辜地牺牲，明朝走向崩溃，清朝得以统一中国。明王朝的最高统帅福王是一个昏庸愚昧的君主，戏曲中有诸多与南京政府关联的人物登场，作品通过复社文人、男主人公侯方域（复社前身的东林党的名士之子）和名妓李香君的爱情故事，来反映明王朝覆亡的悲剧历史，其中大部分都是现实中的真实人物（《板桥杂记》中也记载有他们的逸事）。

《桃花扇》是长达42幕的长篇戏曲，整个故事是围绕着主人公侯方域和李香君以及他们周围的复社名士和妓院妓女，与成为仇敌的阮大铖、马士英的对立为轴心展开的。其中，杨文聪是马士英的妹婿，与阮大铖保持亲密关系，另一方面他与侯方域、李香君等也友好相处。戏曲以杨文聪为转动舞台，交替地描写对立双方，故事情节逐步推进展开。是杨文聪为李香君起了“香君”的艺名，并将李香君引见给侯方域的，侯方域与阮大铖对立离开南京后，各方面守护照料香君的也是杨文聪。阮大铖用定金强迫香君嫁给高官田仰之时，香君撞头以死抗争，此时，又是杨文聪劝香君养母李贞丽代替香君嫁给田仰，自己照料受伤的香君。香君撞头的时候，侯方域赠给她作为定情物的扇子上溅了斑斑血迹，杨随手把它点染成几枝桃花，添画上枝叶做成了画扇，即成为戏曲主题的“桃花扇”。桃花扇，表现了李香君忠诚不渝的爱情，后来送到了侯方域手里。阮大铖、马士英等人施奸计，尽管史可法和侯方域等努力坚守，仍未能抵挡住强大的清军，南京政府陷入崩溃，恶势力面临悲惨的末日，侯方域和李香君在隐蔽的山中邂逅，开始作为道士走修行之路，戏曲结局圆满。

《桃花扇》也可以说是一部表现历史的剧目。戏曲以侯方域和李香君的爱情故事为中心线索，描写了伴随王朝崩溃之际，妓院区也冷清萧条，爱情故事与明王朝的兴亡历史紧密地结合起来。此外，香君虽身为妓女，但是具有对爱情忠贞不渝、敢于反抗奸佞强暴的高尚品格，她的坎坷命运与情操感人至深，作为一代名妓赢得了观众的赞誉。剧中还出现了灯笼舟和游船等场面，并且较好地描述了秦淮河沿岸发展起来的妓院区旧院一带的特征。这一旧院相当于现南京市夫子庙一带，到新中国成立前为止是花街柳巷区，至今也能够令人想见过去风流妖艳的氛围。现在夫子庙一角的阁楼是模仿李香君的媚香楼修建的，是为吸引

图 17　现在的秦淮河（渡部英喜氏摄影）

观光游客而建的简易建筑，虽然能够由此窥见旧时妓院的景象，但是很难由此想象“桃花扇”的世界。

五、色情文学

在中国，像日本江户时代流行的井原西鹤的小说一样的色情文学题材并不多见。《海上花列传》等可以说是这类作品之一吧，但是，特别著名的作品是没有的。另一方面，虽然也出版了许多像日本的《吉原细见》一类的介绍花街柳巷的书，但是，因为是属于低俗的东西，民国以前这类出版物几乎没有留存下来。不过，在出版业繁盛的明朝后半期，出版了许多评论妓女的书籍，保留至今。

明朝末期曾编集“三言”的编辑冯梦龙，出版了评价江南都市南京和苏州妓女的《金陵百媚》、《吴姬百媚》。此外，还有仿照科举的名次进行排序的《燕都妓品》（[明]水华梅史撰，燕都为现在的北京）和《秦淮士女表》（曹大章撰）等。以《秦淮士女表》为例，在《女状元》中写道：“蒋兰玉，幼名双双，名淑芳，在兄弟姐妹中排行第四。旧院鸡窝巷，丽质人如玉，幽香花是兰。汉宫宜第一，秦史合成双。”评论的部分看似诗句，但是并不押韵。蒋玉兰的评论中也使用了花名玉兰，一般是用与其名相关的词语赞美。《燕都妓品》中，评论部分引用杜甫和白居易等唐代名诗人的诗句，不仅介绍名妓或排列名次，而且评语描写精彩、富有趣味。

如前面引用的唐代的《北里志》和元朝的《青楼集》，以及明朝余怀德的《板桥杂记》等一样，也有不少书记录了妓女的人品和逸闻。评论中有的也是沿袭了其样式。这些记载见闻逸事的书富有小说缺少的趣味，也许在某种意义上可以说是中国式的色情文学。

第六章　新文化与妓女、妓院

一、新文化的享受及其传播

时代文化和妓女

无论哪个时代，妓女都是扮演歌舞、奏乐等音乐文化的主角，特别是高级妓女，与社会统治阶层交往密切，有诸多接触时代新文化的机会，并且通过与统治阶层的接触交往其自身也具有相当的教养。不仅在中国，在古希腊也同样，交际花属最高级的妓女，她们属于上流社会富有教养的人，也有用大量金钱换取上流社会的身份的。日本也有同样的例证，像江户时代吉原妓院的高级妓女（最高级妓女称为“太夫”）也有一流技艺和高度教养。不仅如此，由于高级妓女侍奉在有权势者的身边，有的甚至还在政治上发挥了重要的作用。第三章列举的几位妓女，与皇帝和高官、诗人交流密切，有时候对其仕途也产生重要的影响，比如古希腊著名的高级妓女阿斯帕西娅成为雅典政治家伯里克利的情侣，据说其对伯里克利的施政出力颇多，日本妓女中也有这样的人，诸如富贵楼女主人阿仓，曾为明治元勋们出谋献策。

文化的传播者

明朝后半期开始，出版行业繁荣，媒体的传播作用增强。而在此之前，情报传播受到制约，妓女和妓院是重要的情报信息的传播地之一，特别是以歌谣为主的音乐文化，妓女是直接的传播者，妓女对音乐的流行也具有极大的影响。诗歌是易于配乐吟唱的文体，许多诗歌配上乐曲演唱，自然而然地受到乐人和妓女们的青睐。有不少作品在文人名士评论之前，是先通过妓女的演唱宣传传播开来的。作品被妓女们青睐，在官僚阶层看来未必是件名誉之事，但是，对于诗人来说，妓女是不可轻视的传播媒体，她们对诗歌在社会上的传播具有极大的影响力。

妓女在文学作品的宣传方面起到了重要作用，下面介绍的唐代白居易的情况可以说是其代表事例。白居易给友人元稹的书信《与元九书》(《白居易集》卷四五）中，有如下的记述：

又闻有军使高霞寓者，欲聘倡妓，妓大夸曰："我诵得白学士《长恨歌》，岂同他哉？"由是增价。

又昨过汉南日，适遇主人集众娱乐，他宾诸妓见仆来，指而相顾曰：此是《秦中吟》、《长恨歌》主耳。

[大意为：还听到了这样的事情。有个军使高霞寓，欲聘妓女到酒席侍奉，妓女大夸其口说："我能唱白学士的《长恨歌》，怎么能同其他妓女一样呢？"因此，就抬高了身价。

又，以往我经过汉南（荆州，现湖北省江陵县）的时候，恰巧赶上主人（节度使）集合一群妓女，为别的宾客作乐。那些妓女们看我来了，就指着我互相使眼色说："这就是《秦中吟》、《长恨歌》的作者。"]

后面的例子所述情景，就像众多女子围着崇拜的偶像一样。由此可见白居易的作品是如何受到妓女们的赏识和喜爱。他在同一封信中写道，“从长安直到江西，一路三四千里，凡是地方学校、佛寺、施舍、行舟之中，经常有题写我的诗的”，可见白居易的作品在社会上传播之广。本来没有士大夫层的支持是不可能传播的，但是，显然由于妓女欣赏并宣传白居易的作品，其在社会上的声誉大大扩大了。

在小说方面，唐朝薛用弱的《集异记》（卷二《王涣之》）中有如下一段话，大意是：开元年间，王昌龄、高适（707—756）、王之涣（688—742）三人在长安的酒楼饮酒，邻座有十几个梨园艺人过来开始和他们一起畅饮，他们叫来四个美貌的妓女唱歌。三个诗人想看一下自己作品的知名度，决定以妓女唱的多少来决定优劣。首先唱的是王昌龄的作品，其次是高适的，接着第三个人又唱王昌龄的作品。王之涣指着第四个最漂亮的妓女说：“无聊的人唱无聊的歌。就以那位妓女唱什么歌来定优劣。”那位妓女大声唱了王之涣的《凉州词》，三人大笑。据传记资料记载，三位诗人同一时期在长安的可能性很小，因而这段故事本身被认为是编造的。但毫无疑问，通过看妓女吟唱诗人的作品多与少是了解和判断诗人知名度的方式之一。

在上述白居易的书信中有这样的话，“如今在社会上受到欢迎的（自己的）作品，是我无意中写下来的”，用心创作的作品或者精品反而未必赢得高度评价。经常可以看到的现象是，一时受到高度称赞的作品之后并未留传下来，若要得到广泛流传，除了官僚阶层赏识之外，也要赢得大众的支持，因此，妓女所起到的传播作用是不可忽视的。

二、妓院是文化传播、创作基地

妓院对作品的评价

妓院对作品的评价，与官僚阶层的评价自然有不同的一面。思想深刻、形式优美的作品未必受到高度评价，而有的作品即使内容低俗，若富有机智情趣也一样受到欢迎。如前章所述，被誉为唐代传奇的代表作、白行简的《李娃传》，据说是在故事《一枝花》的基础上创作的。传奇小说也同样，在妓院受到称赞的作品，即便创作水平不够完美，也能赢得妓女的好评，可以想象这与官僚阶层的评价标准是有不同的侧重点的。

第四章介绍的李商隐的恋爱诗，用独特的创作手法表现了象征性的故事世界，他所创作的故事不仅包括正统书籍中刊载的故事，同时也包括低俗文学作品中流传的故事(高桥和巳《李商隐》、山之内正彦《李商隐表现考断章》等)，其中，当然也包括妓女们喜爱的故事，以及据此改编的故事。通过下面的介绍，可以看到在妓院中交流的诗，不仅作诗方法是模仿李商隐的，使用的典故也与其有共同之处。因为妓女以及来妓院寻欢的人，不仅喜爱李商隐的作品，他们对知识和文学也同样感兴趣。李商隐的恋爱诗，传奇小说中的爱情诗，以及下面列举的温庭筠等人的词，都是在以妓院为创作基地形成的低俗文学中提炼出来的作品。

妓院中对作品的评价以及文学方面的动向，与新的文学形式的发展有着密切的关系。下面通过唱和诗和词两个体裁为例来加以说明。

妓女和唱和诗

妓女并不是都像第三章中列举的薛涛和鱼玄机一样的一流诗人，但她们一般能够自己作诗，与嫖客互相交换诗。在此，以唐代长安北里的妓女与客人交换诗歌的唱和诗为例，来看一下具体创作情况及其特点。

首先是选自《北里志·楚儿》里楚儿和郑光业的唱和诗。先简要地介绍一下与该作品相关的背景：楚儿曾是走红的妓女，也因年龄增大，把握长安监察实权的郭锻（据称是名将郭子仪的后裔）为其赎身，在外将她纳为妾。但是郭锻有正妻，加上工作繁忙，不常去楚儿那里陪伴，而楚儿的性格本来就是不甘于孤寂的，过去的熟客路过家门前时，她就主动打招呼，或写诗、书信赠送。郭锻每次听说后都对其鞭打羞恶，但楚儿就是不悔改。一天，从长安城东南游乐地的曲江返回的途中，尽管郭锻骑马在前，楚儿依然掀开车帘，向在旁边通过的郑光业打招呼。郑光业也让仆人传话，郭锻察觉后大怒，将楚儿拖出来，到大街上用马鞭抽打她。见此状郑光业逃离现场，第二天早晨，他去探望楚儿的状况，楚儿在窗边给他一首诗：

应是前生有宿冤，不期今世恶因缘。
蛾眉欲碎巨灵掌，鸡肋难胜子路拳。
只拟吓人传铁券，未应教我踏金莲。
曲江昨日君相遇，当下遭他数十鞭。

郑光业当即作诗唱和：

大开眼界莫言冤，毕世甘他也是缘。

无计不烦乾偃蹇，有门须是疾连拳。

据论当道加严箠，便合披缁念法莲。

如此兴情殊不减，始知昨日是蒲鞭。

由上可见，针对楚儿遭受老爷毒打的诉说，郑光业的唱和像是岔开话题。虽然丈夫在旁，但还是无所顾忌地与别的男人搭话，楚儿的确过于大胆，而郑光业自己一边也有责任，但他佯作不知和装糊涂地回复，也算是个十足的伪善君子。特别是郑光业的唱和诗诙谐且口语化，可以令人想到当时妓院中妓女和嫖客之间日常也通过互相写诗应答进行情感交流。

接下来再看一组七律唱和诗，它选自《北里志》中的《杨妙儿》，这是赵光远和杨妙儿家的头牌妓女杨莱儿的唱和诗。首先简要介绍一下该诗的创作背景：应考科举的赵光远去杨妙儿的妓院，对走红名妓杨莱儿（对她的评价见第二章）一见钟情，虽然年龄相差甚大，但两人倾心相爱。莱儿深信赵光远能一次考中，不仅对其他客人炫耀，还在放榜时盛饰一新，立于门前等候佳音。一帮小子弟看了揭榜知道光远落榜，马上到妓院戏谑，莱儿不信反而驳斥他们一番。得知正式结果后莱儿萎靡不振，长时间心中不悦，对赵光远不满。就在这时，光远来到莱儿房间往墙上写诗：

鱼钥兽环斜掩门，萋萋芳草忆王孙。
醉凭青琐窥韩寿，闲掷金梭恼谢鲲。
不夜珠光连玉匣，辟寒钗影落瑶樽。
欲知肠断相思处，役尽江淹别后魂。

莱儿随后作诗对答：

长者车尘每到门，长卿非慕卓王孙。
定知羽翼难随凤，却喜波涛未化鲲。
娇别翠钿黏去袂，醉歌金雀碎残樽。
多情多病年应促，早办名香为返魂。

和前面楚儿与郑光业两人机敏应对的唱和诗不同，这组唱和诗是两人相互以和好的愿望，倾注感情郑重其事地写的。表现了妓院妓女和嫖客恋爱的场面。此外，这首唱和诗另一个值得注目的特点是，表现恋爱感情时多引用了典故，如赵光远的诗中第三句和五、六句等，多处是模仿李商隐的《无题》和《碧城三首》等恋爱诗的诗句写的，可见他们是有意地采用了李商隐的写诗手法。如前所述，这表明了在妓院受到欢迎的作品风格的概貌，同时模仿的主要对象是李商隐的作品。

下面，再来看一组七绝诗句，它选自《北里志》中的《王苏苏》，是应考科举的李标和王苏苏的唱和诗。同样，先介绍一下诗创作的背景：王苏苏所在的妓院位于较高级的南胡同，而自称是唐代初期功臣子孙的李标，随同妓院的熟客第一次来到妓院。酒后，李标在房间的墙壁上得意地写诗：

春暮花株绕户飞，王孙寻胜引尘衣。
洞中仙子多情态，留住刘郎不放归。

苏苏自一开始就不欣赏这个生客，看了诗后取笔应答，把他嘲骂一通：

怪得犬惊鸡乱飞，羸童瘦马老麻衣。
阿谁乱引闲人到，留住青趺热赶归。

李标看了王苏苏的诗，知道是嘲讽他，羞得满脸通红，中途离去，而苏苏却毫不介意，之后，见到一同来的熟客问："热赶郎在否？"对不懂人情世故了无风趣的客人毫不留情，令人感到北里妓院非同一般的格调。这首唱和诗，引用了刘晨闯进天台山仙境娶仙女为妻的典故，对仅仅将妓院比作仙境寻乐的李标，王苏苏机智应对，反过来回击庸俗的对方。

这些唱和诗的特点

以上妓女和客人的唱和诗，《北里志》中收录了5组，这些作品无不具有即兴而逗、即兴而答、快速应和的特征。妓院里像这种妓女与客人之间相互作诗大概是日常交流的方式。在此，值得强调的是，唱和诗具有一定的形式，上述的例子中的5组唱和诗也同样，对答诗是依照并使用原诗的韵字顺序，用“次韵”的形式写成的，如楚儿和郑光业唱和诗的原文，其韵字的顺序都是冤、缘、拳、莲、鞭；而赵光远和杨莱儿的诗是门、孙、鲲、樽、魂；李标和王苏苏的诗是飞、衣、归。次韵的形式，在唱和诗的和韵方式中，也是最严格的形式（顺便提一下，与原诗“和韵”的做法有以下3种，即用同一韵字顺序的“依韵”，改变原诗韵字顺序的“用韵”以及“次韵”）。当即应对进行巧妙的对答要依照对方诗韵，若不习惯这种形式作唱和并非容易之事。而《北里志》中的唱和诗，所有的都是次韵的形式，表明这种唱和形式已经被普遍采用。

进入唐朝中期以后次韵的形式开始被使用，卢纶（737？—799？）、李端（731—792）等所谓大历十才子创作不少唱和作品，可视为这方面的先驱。此后元和时期的元稹和白居易的唱和诗中，特别是元稹的诗中有意识地采用了次韵的形式。元稹在《白氏长庆集之序》（《元稹集》卷五一）中，讲了如下一段话：

予始与乐天同校秘书之名，多以诗章相赠答。会予谴掾江陵，乐天犹在翰林，寄予百韵律诗及杂体，前后数十章。是后各佐江、通，复相酬寄。巴蜀江楚间洎长安中少年，递相仿效，竞作新词，自谓为“元和诗”。［大意为：起初我和白乐天一起被授予校书郎的名誉，与他之间相互写了许多诗赠答。碰巧我被降职到江陵做地方官吏，乐天依然在翰林院，给我送来了数十篇百韵律诗和古体诗。之后，两人分别就任江州和通州的司马，那时也相互作诗应酬。结果，住在巴蜀江楚之间（现四川、湖北、湖南、江西），以及长安的年轻人，相互之间模仿我们的诗，竞相创作新诗，自己称之为“元和诗”。］

此外，在他写给宰相令狐楚的书信《呈令狐相公诗》（《元稹集》卷六〇）中，有这么一段话：

稹与同门生白居易友善。居易雅能为诗，就中爱驱驾文字，穷极声韵，或为千言，或为五百言律诗，以相投寄。小生自审不能以过之，往往戏排旧韵，别创新词，名为次韵相酬，盖欲以难相挑耳。（大意为：元稹和白居易是亲密好友，白居易写诗总是很好，尤其是文字运用自如，讲究韵和音的效果。有时写千言诗，有时作五百言律诗给我送来。小生自知创作不了，以写诗为乐，照着送来的诗韵另作新诗，称之为次韵相酬。这是想设定写作难度，尝试着向白居易的诗歌挑战。）

但是，这种次韵的形式，带有游戏性的一面，在他们的唱和诗中并没有占据主流。其后刘禹锡和白居易，或者皮日休和陆龟蒙的唱和集中，也没有积极地采用这种形式。第四章中悼念妓女的唱和诗也不是次韵的形式。

而到了宋代，唱和诗采用次韵的形式发展成为一般形式，诗人之间使用同一韵字多次反复地相互赠答。在南宋知名的文艺批评家严羽的《沧浪诗话》的《诗评篇》中，有如下记载：

和韵最害人诗，古人酬唱不次韵，此风始盛于元白皮陆，本朝诸贤乃以此而斗工，遂至往复有八九和者。［大意为：合韵最损害诗。古人的唱和，不依照次韵。这种风习是在元（稹）、白（居易）、皮（日休）、陆（龟蒙）中开始盛行的。本朝（宋）的诸贤人用这种做法作诗竞赛，出现了能连续用同样的韵字进行八九次对答的人。]

宋代以后唱和诗一般采用次韵的形式。这一点，在第三章列举的钱谦益和柳如是的唱和诗中即表现出来。

因此，《北里志》中出现的5组唱和诗，可以说预示了其后唱和诗的时代倾向。如元稹的书信中所写的，当时有模仿“元白”的唱和诗的风气，在士大夫的诗歌创作中，次韵的形式也逐步扩大。在现存的唐诗中，不容易看到这种活动迹象，但是，知名的留学僧侣智证大师元珍858年归国后，在太宰府等与中国的贸易商人进行唱和时，也主要采用了次韵的形式。妓院里，妓女和客人对次韵形式的游戏性一面感兴趣，所以客人和妓女之间的唱和诗一般采用这种形式。经过这些发展，诗人们逐渐认识到了次韵具有的文学上的魅力，进入宋代以后，它成为官僚阶层社交新采取的普遍方式。详细情况尚不能查证，但是据以上判断，毫无疑问，妓院在普及和发展唱和诗的次韵这一新的文体形式方面起到了极大的作用。

妓女和词

下面来看一下词这一新的韵文的确立过程，以及其中妓女和妓院所起到的积极作用。

唐代后半期开始流行一种新的歌谣，最初叫做“曲子词”（曲子的歌词），随后简称为“词”，其中有各种各样的曲调，且歌谣最初是低俗的歌词，文人从事歌谣创作之后，内容逐渐变得精炼考究。初期一般是称为“小令”的简短形式，据说这种“小令”的称呼来源于酒令，尤其与“著辞令”（参照第二章）有关（任半塘《教坊记笺订》，王小盾《唐代酒令与诗》等）。有关这一点，在学术上没有形成定说，但一般认为关联的可能性很大，至少可以明确，词是从音乐酒令中吸取营养发展起来的。从这种意义上可以说妓女也对词的发展作出了贡献，因为她们不仅欣赏歌谣的词，作为歌手传唱歌谣，同时又作为酒令的担当者，而妓院作为游乐场所，提供了创作词的环境。

最初知名的词作家有白居易和刘禹锡，而温庭筠则提高了词在文学上的地位，他在传统的乐府领域也留下了精彩的作品，与杜牧、李商隐一起被誉为晚唐时期的代表诗人。如前所述（第三章），温庭筠与鱼玄机之间有交往，他们常常出入妓院，将妓院作为创作活动的场所之一，这在以江南妓院为舞台背景的作品《偶遇》(《温飞卿诗集》卷四）中充分地体现出来：

曲巷斜临一水间，小门终日不开关。
红珠斗帐樱桃熟，金尾屏风孔雀闲。
云髻几迷芳草蝶，额黄无限夕阳山。
与君便是鸳鸯侣，休向人间觅往还。

温庭筠的作品自由奔放，他本人也留下许多与科举有关的逸闻。由于频遭灾祸，仕途坎坷不顺，因而沉溺于妓院也许是他反抗精神的最好体现吧。温庭筠以妓院为生活创作舞台，他不仅作诗，还为妓院传唱的新歌谣写词等，充分发挥了创作才能。描写男女之情是词的一大特征，他在此方面尤其显示了杰出的才能，在为词确立为一种独立的文学体裁方面作出了较大的贡献。以下举“更漏子”(说是词牌，表现的是曲调，不是题目。初期的词与其他歌谣一样，没有单独的题目）一例加以介绍：

图 18　温庭筠（选自《晚笑堂画传》）

星斗稀，
钟鼓歇，
帘外晓莺残月。
兰露重，
柳风斜，
满庭堆落花。
虚阁上，
倚栏望，
还似去年惆怅。
春欲暮，
思无穷，
旧欢如梦中。

词根据不同的曲调确定各自的形式，这首“更漏子”是由前后两段构成的（称为“双调”）。该作品不仅没有单独的题目，从内容上看，描写的是春天即逝，为失去恋情而感伤的情景，主人公、场所、作词的背景也都含混暧昧。可以说正因为缺少这种个别具体的特征，反倒可以表现一般人普遍具有的情感，听的人也能够按照各自的情况来体味词的内容。由此来看，与通常以个别情景为背景创作的诗有所不同，词大多是将某种情景或感情典型化来描述的，为人创造一种氛围，余韵盎然令人寻味。像这首歌颂恋爱感情的词《更漏子》一样，客人和妓女都能够各自体味词中主人公的情感，因此在妓院颇受欢迎。

温庭筠之后，五代时期（907—959），在四川建立了独立于蜀和江南的南唐宫廷，在此词进一步得到洗炼发展，特别是南唐的后主李煜（937—978），确立了寄托个人情感的诗的形式。此后，到了北宋时期，柳永（987？—1053？）在词的形式和内容两方面进一步有所创新。他与温庭筠一样，仕途不顺沉溺于妓院，在妓院成为颇受好评的词作家，且由此遭受官界的排斥，他始终怀才不遇未能考中科举，无奈何地过着地方小官吏的生活，这一点也与温庭筠极其相似。在词的形式上，柳永创作了被称为“慢词”的长篇作品，从内容上看，作品歌颂羁旅之情，开创了词创作的新领域。在此，介绍一首歌颂男女恋情的短篇作品，词牌是“迎春乐”。

近来憔悴人惊怪。

为别后，
相思煞。
我前生、负你愁烦债。
便苦恁难开解。

良夜永、牵情无计奈。
锦被里、余香犹在。
怎得依前灯下，
恣意怜娇态。

该词也是以失恋为主题的作品，但与前面温庭筠的作品比较，这首词抒发感情率直，表现男女亲密情爱的描述也较大胆。该词中还出现了多处口语表达形式。柳永作品在妓院深受欢迎，他也受到妓女们的拥护和爱戴，甚至赢得普通百姓的喜爱，可以说这首词是体现柳永个性的作品。

下面介绍另一位词作家，其作品在妓院受到赞誉，在词的创作史上也占有一定的地位。这就是第三章的“李师师”一节中提到过的周邦彦。下面介绍一下前面曾提到过的其代表作“兰陵王”。在他创作活动繁盛时期，每个词作品也都加有题目，与诗歌同样，他的作品内容大多也是以个别情景为背景写成的。这首词除了词牌“兰陵王”之外，另有题目“柳”，但内容不是咏柳，而是以柳来表现伤别，特别是与恋人的惜别之情。

柳荫直，
烟里丝丝弄碧。
隋堤上、曾见几番，
拂水飘绵送行色。
登临望故国，
谁识，
京华倦客？
长亭路，年去岁来，
应折柔条过千尺。

闲寻旧踪迹，
又酒趁哀弦，
灯照离席。
梨花榆火催寒食。

愁一箭风快，
半篙波暖，
回头迢递便数驿，
望人在天北。

凄恻，
恨堆积！
渐别浦索回，
津堠岑寂，
斜阳冉冉春无极。
念月榭携手，
露桥闻笛。
沈思前事，
似梦里，
泪暗滴。

这首词共有三段，采用的是长篇形式，以柳触发情感，从柳絮与柳树脱离的情景展开，追忆与恋人来往的旧日，离别时带着惜别的抑郁和悲伤，恋恋不舍地离去。该词被视为正统派的词作，整个作品格调高雅、富有深度，在士大夫阶层受到高度评价。

从词的发展历史来看，存在着各种各样的流派，而不仅仅是单纯的某种定式（有关词的形式和历史的概要，请参照村上哲见氏的《李煜》、《宋词》等），但是，以上三人都是以妓院为重要的创作场所，并赢得了妓女以及一般大众的支持，为词的创作谱写了新的一页，这一点值得注意。妓女中创作词的人也有不少，可是留下姓名的甚少，她们乐于欣赏，可以说是词的享受者、评论者、传颂者，她们积极地促进了词的发展。因此，可以毫不夸张地说，在词的发展史上，妓院不仅仅是新词流行的传播地点，也为一些著名的词作家提供了展示才能的场所，发挥了创作基地的功能。

以上介绍了唱和诗和词两种文学体裁，从中可以看出，妓女和妓院对两种文学体裁的发展都作出了较大的贡献。虽然说法上也许不够雅致，但妓院的确为文人提供了发挥才能的场所，妓女本身也积极地参与创作活动，对培育和促进各时代文学的发展发挥了一定的作用。

结 语

日本在战后废除了妓女，现今只不过保存有吉原、祇园等一部分与之相关的文化。日常生活中看不到反映过去妓女实际生活状况的印迹。妓女在时代中担负的意义也渐渐地变得模糊不清，提起妓女，人们往往认为就是卖春、卖身这种淫荡丑恶的一面。当然这种评价和理解也并非有错。但是，妓女本身为男女的相识相爱增添色彩，她们积极参与创作，促进各时代文化的发展，因而将妓女全盘否定也未必欠妥吧。

如上所述，中国的妓女和日本的妓女一样，一些高级妓女具有很好的教养，与文人名士交流，培育传播时代文化，并且有时也与政治密切相关。对于妓女这些在文化方面的积极一面，也必须给予正当的评价。并且，从妇女文学的视点来看，妓女创作同样占有相当大的部分。虽然中国的妓女留下作品的非常少，并且，不像日本的和歌、日记、随笔以及故事文学创作，女作家在这些方面发挥了重要作用，但是在王族、贵族沙龙以及以官僚社会孕育的男人为中心的中国文学中，她们在不断培育和促进妇女文学的发展方面具有重大的意义。

近年，无论东方还是西洋，都开展了有关妓女方面的研究，今后，对有关中国的研究领域，我们期待着进一步深化其研究成果。在日本，以石田干之助氏写的《长安之春》为开端，人们开始了以唐朝、明朝等某个朝代为重点，对与主要作家和作品相关的妓女方面的研究活动。今后我们需要将单个研究加以整合，以历史的视点进行研究。王书奴氏的《中国娼妓史》是部重要的专著，具有很高的学术价值，但是自公开发行至今已经过了半个多世纪，如今必须构思新的通史以反映近半个世纪的研究成果。此外，在文学、文化领域，需要各抒已见、更加积极地展开各项讨论。本书若能在此方面迈出一步，本人将不胜欣慰。

主要参考文献

本书在撰写过程中参考了大量文献，若全部罗列将十分困难并且繁琐，在此，仅列出本书提到的文献目录以供参考，其数量不过是全部参考书的一半，请见谅。

此外，本书中加注的人物生平年历主要依据姜亮夫的《历代名人年里碑传总表》（台湾商务印书馆）、傅璇琮主编的《唐才子传校笺》（五册，中华书局）等，但书中人物仍存在生卒年月不详或者没必要特别注明的情况，为避免繁杂，标注从略。有关地名加注了现在地名，也存在一些不统一之处，亦请见谅。

第一章

王书奴：《中国娼妓史》（上海生活书店，后由上海三联书店重印）

上海文史研究馆：《旧上海的烟赌娼》（香港中原出版社）

孟元老著、入矢义高等译：《东京梦华录》（岩波书店）

斋藤茂译注：《教坊记·北里志》（平凡社，《东洋文库》五四九）

第二章

中村乔编译：《中国的酒书》（平凡社，《东洋文库》五二八）

岩城秀夫译：《板桥杂记·苏州画舫录》（平凡社，《东洋文库》二九）

第三章

青木正儿：《琴棋书画》（春秋社，《青木正儿全集》第七卷）

荒井健编：《中华文人的生活》（平凡社）

第四章

青木正儿译：《楚辞》（春秋社，《青木正儿全集》第四卷）

第五章

小南一郎：《李娃传的构造》（京都，《东方学报》第六二册）

小野忍译：《金瓶梅》（平凡社，《中国古典文学大系》三三至三五）

太田辰夫译：《海上花列传》（平凡社，《中国古典文学大系》四九）

第六章

高桥和巳译注：《李商隐》（岩波书店，《中国诗人选集》一五）

山之内正彦：《李商隐表现考断章——以艳诗为中心》（《东洋文化研究所纪要》四八）

村上哲见译注：《李煜》（岩波书店，《中国诗人选集》一六）

村上哲见：《宋词》（筑摩书房，《中国诗文选》二一）

任半塘：《教坊记笺订》（台湾宏业书局再版）

王小盾：《唐代酒令与词》（《文史》三〇辑）

结语

石田干之助：《长安之春》（创元社，增订本；平凡社，《东洋文库》九一）

后 记

如前文所述，本人是从阅读李商隐的诗歌开始对妓女问题感兴趣的，我通过《北里志》的译注等开始查阅唐朝妓女的情况，但唐朝后半期以及9世纪的情况依然无从把握。当东方书店的阿部哲先生提示了本书的书名和出版构想时，我毫无自信，不知能否完成与之相应的内容和范围的著书编写。即使现在全稿编写已结束，我仍担心所写的内容能否充分体现和符合该书的主旨，并为此感到不安。如果本书能使读者对中国的妓女这一问题有所了解和新的启示的话，笔者将不胜高兴。

前野直彬先生是引导我踏入文学研究殿堂的恩师，山之内正彦先生指导我研读李商隐的作品以及《北里志》等，在此我对他们表示衷心的感谢，如果没有两位先生的指导和教诲，也就没有该书的创作，谨以拙著作为对恩师的回报。东方书店的阿部先生不仅提示了创作本书的构想，并且作为第一位读者提供了诸多宝贵的意见和建议，在此深表感谢。

图书在版编目(CIP)数据

妓女与文人/（日）斋藤茂著；申荷丽译. —北京：商务印书馆，2011（2025.8重印）
（世说中国书系）
ISBN 978－7－100－07510－7

Ⅰ. ①妓… Ⅱ. ①斋… ②申… Ⅲ. ①娼妓－社会关系－研究－中国－古代 ②知识分子－社会关系－研究－中国－古代 Ⅳ. ①D691.98 ②D691.71

中国版本图书馆CIP数据核字(2010)第227631号

妓女与文人

〔日〕斋藤茂　著
申荷丽　译

商 务 印 书 馆 出 版
（北京王府井大街36号　邮政编码　100710）
商 务 印 书 馆 发 行
三河市尚艺印装有限公司印刷
ISBN 978－7－100－07510－7

2011年2月第1版　开本 787×1092　1/32
2025年8月第11次印刷　印张 6　1/2

定价：32.00元